골목사장 분투기

골목사장 분투기

초판 1쇄 발행 2012년 9월 5일
개정판 2쇄 발행 2015년 1월 30일

지 은 이 강도현
펴 낸 이 안병률
펴 낸 곳 북인더갭
등 록 제396-2010-000040호
주 소 410-906 경기도 고양시 일산동구 장항동 744
전 화 031-901-8268
팩 스 031-901-8280
홈페이지 www.bookinthegap.com
이 메 일 mokdong70@hanmail.net

I S B N 979-11-85359-02-1 03320

* 책값은 표지 뒷면에 표시되어 있습니다.

자영업으로 본 대한민국 경제 생태계

자영업의 문제를 해결할 수 있는 뾰족한 방안은 솔직히 없는 것 같다. 고용 없는 성장, 빈약한 복지, 끝을 모르는 부동산의 탐욕 등 한국사회가 안고 있는 문제들이 종합적으로 얽혀 있는 지점이 바로 자영업 문제이기 때문이다. 이 책에서 필자가 경험한 것들을 토대로 최소한의 대책을 제시해보고자 한다.

골목사장 분투기

Coffee

북인더갭
BOOKintheGAP

| 개정판 서문 |

자고로 개정판은 세월이 주는 시험을 견뎌낸 책만이 얻는 영광일 텐데 필자의 경우에는 다소 우울한 이유로 개정판을 내놓게 되었다. 『골목사장 분투기』는 필자의 노력으로만 나온 책이 결코 아니다. 먼저는 필자의 이야기를 들어준 선대인경제연구소의 선대인 소장이 있었고 그 다음으로는 평범한 이야기를 세상에 내놓을 만한 이야기로 기획해준 출판사의 노력이 있었다. 이 책이 받은 과분한 관심에 대하여 필자는 단 한번도 내 것이라 생각한 적이 없었다.

그런데 너무 아쉽게도 이 책을 함께 만든 출판사가 그 사명을 다하고 만 것이다. 출판계의 어려움은 익히 알고 있었지만 기획력과 영업력이 훌륭했던 '인카운터' 출판사의 마지막을 지켜보고 있노라니 한숨이 푹푹 나온다. 이왕 새로운 출판사로 둥지를 트는 마당에 전 출판사의 이름을 굳이 언급하는 이유는 필자에게 있어서 '작가'라는 과분한 이름을 얻게 해준 고마운 분들이기 때문이다. 혹 필자의 부족한 필력이 출판계의 어려움을 더하는 데 일조하는 것이 아닌지 고민하게 된다. 그러나 여전히 자본주의 시장의 주변에서 힘들어하는 많은 분들에게 어떤 도움이라도 드릴 수 있을까 하여 개정판을 내게 되었다. 『골목사장 분투기』가 새롭게 둥지를 튼 '북인더갭'은 『착해도 망하지 않아』를 함께 펴낸 출판사이기도 하다. 이름 그대로 출판계의 주류 흐름에 편승하지 않고 틈과 틈 사이에 묻힌 이야기들, 그러나 꼭 읽혀야 할 이야기를 찾아 책으로 펴내는 좋은 출판사다. 필자의 부족한 필력에도 이렇게 좋은 분들과 함께 일할 수 있게 된 것은 천운이라 생각한다.

『골목사장 분투기』가 그려낸 우울한 자영업 세계의 현실에도 불구하고 많은 분들이 위로를 얻었다는 말씀을 해주셨다. 골목사장이 분투할 수밖에 없는 구조적 문제들을 부족하나마 짚어내는 것이 그 현실을 살아내야 하는 많은 분들에게는 역설적으로 힘이 되었다고 하니 감사할 뿐이다. 특별히 책을 읽고 이런 저런 경로를 통해 필자의 연락처를 알아내신 분들이 꽤 있었다. 꼭 만나야 한다는 간절함으로 문자나 전화를 주셨는데 그 간절함을 피할 길이 없어 대부분 만나 뵈었다. 안타까운 사연도 많았고 조금이나마 도움을 드릴 수 있는 경우도 있었다. 하나같이 필자의 시간을 빼앗은 것 같다며 미안해하셨지만 그 시간들을 통해 필자도 더 많은 통찰을 얻을 수 있었고 인생의 후반전을 준비하면서 어떤 길로 가야 하는지에 대한 소명을 확인하기도 했다. 이 책을 기획한 출판사가 그 사명을 다하고 장렬히 마지막을 장식하는 마당에 '이 책 또한 함께 묻어야 하는 것이 아닌가' 잠시 고민했지만 여전히 연락을 주시고 조언을 구하시는 분들이 계셔서 미약한 생명을 조금 더 연장하기로 했다. 이번 개정판에서는 초판 출간 이후 필자가 주력해온 협동조합 부분을 책 끝에 '결론을 대신하여' 부분에 추가했다. 협동조합에 대해 고민하시는 분들께 작은 도움이 되었으면 한다.

그동안 부족한 글을 읽어주신 많은 독자들께 감사의 말씀을 드리고 이 글로 인해 불편한 마음을 가지게 되신 분들께는 죄송하다는 말씀을 함께 올린다. 연구자로서, 글을 쓰는 사람으로서 부족한 면들을 다지고 좀더 도움이 되는 글들을 쓰겠노라 다짐하면서 개정판에 붙이는 인사를 마무리하고자 한다. 책에 새로운 생명을 불어넣어주신 북인더갭의 안병률 대표님과 김남순 실장님, 카페바인 협동조합의 시작을 함께 해주신 모든 조합원 동지들, 영원의 동반자인 아내 권예은과 우리의 소중한 보물들 강해나, 강해린, 강해민, 그리고 항상 응원해주시는 양가 부모님께 감사의 말씀을 올린다. 누구보다 부족한 글을 읽어주시는 독자께 무한한 감사를 드린다.

2014년 3월 신촌에서

강도현 드림

| 서문 |

우리, 함께 살아갈 수 있을까요?

인생을 한 단어로 규정한다는 것이 얼마나 무리한 시도인가. 그럼에도 필자의 짧은 삶을 한 단어로 표현하라면 롤러코스터라고 하겠다. 어려웠던 유학생활을 마치고 드디어 남부러울 것 없는 억대 연봉 직장인이 되었는데 어쩌다 보니 거의 망해가는 자영업자의 입장에까지 서보게 되었다. 사실 나는 스스로 자영업자라고 생각하지는 않는다. 천천히 말하겠지만 조금은 특별한 사연이 있어서 카페를 운영하게 되었다. 평소 경제 문제에 관심이 많아 자영업 문제에 대해서도 고민하던 차에 직접 카페를 운영하면서부터는 관찰자 입장이 아닌 내부자의 관점을 갖게 되었다. 금융회사에 다니면서 알게 된 자본주의의 문제점들과 자영업자로서 느낀 문제점들을 엮어 새로운 대안을 제시하고픈 열망에 10년간의 직장생활을 정리하고 지금은 늦깎이 학생이 되어 경영학을 공부하는 중이다.

필자가 경험했던 자영업의 현실은 냉혹하고 처참하기 그지없었으며, 절벽에 둘러싸여 생존조차 보상받지 못하는 정글과 같았다. 필자야 아직은 젊어서 '좋은 경험'이었다고 위안을 삼을 수 있었다. 하지만 나이가 들어서, 아니면 가족의 생계를 책임지기 위해 자영업의 정글로 뛰어들어야 했다면 얼마나 처절했을까? 생각만 해도 슬프다. 자영업자의 고통은 겪어보지 않고서는 알지 못한다. 임대료, 월급, 카드빚, 매월 다가오는 이 3대 위기를 넘어서기가 얼마나 어려운지 80%는 몇 년을 버티지 못하고 문을 닫는다. 자영업의 정글에서 밀려나면 절벽이 기다리고 있다. 실패한 자영업자에게 재기는 거의 불가능하다.

'망한' 자영업자들을 만나보면 대부분 자신의 능력 없음을 탓한다. 차라리 그게 속편하다. 어쩌면 그것이 사회가 요구하는 바른 태도일지도 모르겠다. 그러나 그들의 이야기를 들으면 들을수록, 생각하면 생각할수록 이건 개인의 능력 부족 탓이 아니다. 아무리 노력해도 넘어설 수 없는 벽이 존재한다. 자영업자에게서 기업운영에 버금가는 능력을 요구해서는 안된다. 왜 자영업자라고 하는가? 개인이기 때문이다. 혼자 하기 때문이다. 자본이 아닌 종잣돈으로 시작하기 때문이다. 그런데 우리 사회 경제구조는 자영업자가 생존할 수 있는 환경이 아니다. 임대료만 봐도 그렇다. 비교를 위해 한 가지 예를 들어보자.

세계에서 가장 임대료가 높은 지역은 뉴욕 맨해튼이라고 한다. 그 지역 부동산 중개인 웹사이트에 가서 얼마나 높은지 찾아봤다. 맨해튼의 가장 노른자 땅이라 할 만한 5번가에서 걸어서 10분 거리인 트리베카에 위치한, 상당히 괜찮은 코너의 40평짜리 카페가 매물로 나왔다. 임대료가 얼마 정도일까? 원화로 환산하면 보증금 4,000만원에 임대료 월 1,000만원 정도다. 어디서 많이 들어본 가격이다. 강남, 홍대, 신촌, 명동에서 쉽게 찾아볼 수 있는 수준이다. 아니, 좋은 위치치고는 꽤 괜찮은 조건이다. 그런데 다른 점이 하나 있다. 계약 기간이 무려 10년이다. 2년마다 임대료가 올라가는 우리와는 한참 다르다. 강남, 신촌, 홍대, 명동이 맨해튼에 비해 얼마나 더 부유한 곳인지는 모르겠다. 대한민국 부동산의 탐욕은 속에서 열불이 나게 만든다. 맨해튼에 종사하는 직장인들의 평균 연봉은 서울 직장인들의 평균 연봉과 비교가 안될 정도로 높다. 그럼에도 불구하고 도대체 무슨 대단한 근거로 대한민국의 임대료가 이토록 높은지 도무지 이해가 가지 않는다.

임대료뿐이랴? 권리금은 또 얼마나 터무니없이 높은지 조그마한 매장들이 억억 한다. 정말 '억' 하고 죽을 판이다. 이런 와중에 대기업들은 해고, 또 해고. 삼성전자, 현대차는 사상 최고의 수익률을 올린다는데 고용은 인색하다. 인색할 뿐인가 대학생 자녀를 둔 직장인들의 명예로운 퇴직 행렬로 자영업 생태계는 척박한 정글에서 이제는 아무도 헤어나올 수 없는 죽음의 늪으로 변해가고 있다.

문제는 자영업자의 수가 이미 한계를 넘었는데도 정부는 별다른 대책이 없고 직장을 그만둘 수밖에 없는 많은 사람들도 자영업 외에는 별다른 대안이 없다는 것이다. 이건 마치 슬픈 영화의 비극적 결말을 기다리는 것과 같다. 시나리오는 이미 짜여 있다. 최근 연일 뉴스에 오르는 부동산 문제, 부실대출 문제가 연쇄적으로 터질 수밖에 없는 상황이 닥치면 그 진원지는 자영업자가 될 가능성이 매우 높다.

자영업의 문제를 해결할 수 있는 뾰족한 방안은 솔직히 없는 것 같다. 고용 없는 성장, 빈약한 복지, 끝을 모르는 부동산의 탐욕 등 한국 사회가 안고 있는 문제들이 종합적으로 얽혀 있는 지점이 바로 자영업 문제이기 때문이다. 딱 부러지는 대안은 못 내놓더라도 필자가 경험한 것들을 토대로 최소한의 대책들을 제시해보고자 한다. 일단 웬만하면 지금 자영업자가 되는 것은 피하는 게 좋다. 그러나 어쩔 수 없이 자영업의 정글로 뛰어들어야 하는 분들에게 필자가 제시하는 대안들이 작은 도움이라도 되길 소망한다.

이 문제들을 혼자 고민한 것은 아니다. 이 글을 쓰라고 제안해주시고 결정적인 조언들을 해주신 선대인 소장님과 중구난방에 별 볼일 없는 글을 그래도 읽을 만한 책으로 엮기 위해 힘써주신 인카운터의 민신태 실장님과 김명효 편집자님께 감사드린다. 인터뷰에 흔쾌히 응해주신 사장님들께도 진심어린 감사를 드린다. 누구보다 멀쩡한 직장 때려치우고 자본주의 폐해 운운하며 늦은 나이에 학교에 가겠다는 남편의 꿈을 믿어준 아내 권예은과 아들의 판단에 항상 박수와 믿음을 보내주시는 양가 부모님께 가장 큰 감사를 표하고 싶다. 이 책을 통해 조금이라도 도움 받는 분이 계시다면 그 공은 자영업의 나락에서도 꿈을 믿어준 아내에게 돌리고 싶다. 또한 자영업자라는 이름으로 한국 사회의 가장 힘든 기둥을 지탱하고 계시는 모퉁이돌, 민초들께 지지를 보내며 작은 힘을 보태려 한다.

자영업자든 아니든 우리 모두는 한배를 타고 있다. 한쪽이 무너지면 다 같이 죽는다. '배'라는 것의 속성이 그렇다. 지금은 자영업자가 아닐지라도 언젠가는 이 정글로 들어올 분들이 많이 계실 것이다. 어쩌면 능력이 출중해서 이런 고민 없이 살 만한 분들도 계실 것이다. 그렇다 해도 자영업자 문제는 남의 이야기가 아니다. 친구, 친척, 부모, 형, 동생, 누나의 이야기다. 나만 괜찮다고 덮을 수 있는 문제가 결코 아니다. 너무 큰 꿈일지는 모르겠지만 이제 함께 사는 사회를 위해, 함께 자영업의 문제를 고민하고 해결해나갈 수 있기를 소망해본다. 마지막으로 부족한 글을 읽어주신 모든 독자들께 진심으로 감사의 말씀을 드린다. 감사합니다.

신촌 한구석에서

강도현 드림

개정판 서문 • 4

서문 우리, 함께 살아갈 수 있을까요? • 7

• 1부

자영업 대란

망한 사람의 하루 시작
어제는 카드사 VIP, 오늘은 신용불량자 • 16

은퇴자들의 무덤
누가 자영업자를 만드는가 • 27

대기업의 횡포
늘어나는 마트에 등 터지는 자영업자들 • 40

자영업 쇼크
절벽 아래로 계속 떨어지고 있는 자영업자들 • 46

• 2부

골목 사장, 빚지고 태어나 빚 갚다 죽다

실패가 용납되지 않는 사회
빚 내서 창업하고, 그 빚에 또 빠지고…… • 52

편의점 사장님의 고민
폐점할 때 1억 500만원을 내라고? • 65

망해봐야 아는 이야기
빚 좋은 카페? 빚 많은 카페! • 85

카페 창업 실패 공식
쌉싸름함 커피향에 빼앗긴 직장인의 꿈 • 91

법적 근거 없는 권리금
자영업자 잡는 은밀한 덫 • 110

자영업자를 위한 대책
한국적 솔루션을 제안하다 • 119

죽어도 사수해야 하는 자영업 원칙
도깨비 커피집 사장님의 커피 철학 • 137

위기의 자영업자 구하기
폐업률 80%를 넘어서는 탈출구를 찾아라 • 160

해방촌을 헤매다
해방촌 빈가게 • 166

망하지 않기 위한 10계명
800만 명 골목 사장님들께 • 178

• 3부
자력갱생 불가사회

다시 보는 용산참사
무엇이 저들을 망루에 오르게 했나 • 190

수원시 자살예방센터 센터장 안병은 대표와의 인터뷰
대한민국에서 카페 사장으로, 정신과 전문의로서 산다는 것 • 200

결론을 대신하여 협동조합은 대안일 수 있을까? • 210

Part 01

자영업 대란

● 망한 사람의 하루 시작

어제는 카드사 VIP, 오늘은 신용불량자

'띠리리리~ 띠리리리~.'

오전 9시 20분, 그날도 어김없이 전화벨이 울렸다. 번호도 외웠다. 짜증과 두려움을 동시에 부르는, 받고 싶지 않지만 받아야 하는 번호였다. 매일 아침 주고받는 대화도 똑같았다.

"여보세요."

"안녕하세요. 강도현 고객님 본인 맞으신가요?"

"네."

"삼성카드 ○○○입니다. 카드 연체 건으로 전화드렸습니다."

"알고 있어요."

"어제 입금을 부탁드렸는데 20만원 해주셨더라고요. 남은 금액이 140만원인데 어제 말씀드렸듯이 이번 주까지 입금이 안 되면 채권부로 넘어가고 법적 조치도 받으실 수 있습니다. 바쁘시더라도 오늘 오후 4시까지 꼭 입금해주세요. 지금 전체 금액이 아니라 쓰신 금액의 일부만 청구가 되는데도 연체가 되시기 때문에 빠르게 진행되고 있습니다. 꼭 입금 부탁드립니다."

전화하는 사람도 맡은 업무를 처리하기 위함이라는 것을 알지만 바쁘시더라도 입금 부탁한다는 말은 참 거슬렸다. 바빠서 입금 못하는 게 아니라 돈이 없기 때문이었다.

"최선을 다하고 있습니다. 지금도 돈이 생기는 대로 열심히 입금하고 있어요."

"네, 이미 말씀드렸지만 채권심사로 가기 전에 저희가 최대한 연기해드리고 있는 중이니 이번 주 안으로는 꼭 입금하셔야 합니다."

"네."

갑자기 가슴이 답답해졌다. 요즘 신용대출, 카드대출 연체가 늘고 있다는데 내가 거기 한몫하게 될 줄은 꿈에도 생각하지 못했다. 사실 나는 삼성카드 프리미엄 회원이다. 지금도 삼성카드 홈페이지에 접속하면 "강도현 회원님 최고의 프리미엄으로 모시겠습니다"라는 문구가 적혀 있다. 모르는 사람이 봤다면 도저히 이해하지 못할 상황이 내게 벌어졌던 것이다.

내 기억이 맞다면 2001년부터 삼성카드를 쓰기 시작했는데

단 한 번도 연체한 적이 없었다. 게다가 파생상품 트레이더로 일하면서는 꽤 많은 소비를 한 덕에 프리미엄 회원이 되었다. 물론 개인적으로 쓴 것은 아니다. NGO 활동이나 카페 때문에 쓴 돈이 많았다. 어쨌든 한 번의 연체 없이 10년 넘게 썼는데 단 두 번의 연체로 신용불량자의 대열에 서게 되었다. 그렇다고 삼성카드가 잘못한 것은 아니다. 연체한 나의 잘못이지만 대한민국 자영업자라면 누구나 언제든지 이런 상황에 처할 가능성이 높다. 한국형 자본주의가 그렇다. 10년 잘하다가도 발 한 번 잘못 디디면 사정없이 나락으로 떨어진다. 재기라는 말은 그야말로 소설에서나 찾아볼 수 있는 이야기다. 오죽하면 재기에 성공한 이야기는 곧바로 뉴스감이 될까.

처음에는 카드빚이 1,000만원 정도였다. 매월 100만원 정도 상환해야 하는데 갑자기 매장을 이전하게 되면서 유동성 위기에 몰렸다. 이렇게 될 수밖에 없다는 것을 사전에 몰랐던 것도 아니다. 누구를 탓하랴. 나의 능력 부족 때문이었지만, 그렇다고 사업을 그만둘 수도 없는 일이었다.

아내는 매일 그만두라고 했다. 수입이 없는 것은 둘째치더라도 그나마 생활비로 남아 있는 돈까지 자꾸 축내니 불안해하는 것은 당연했다. 미안하기는 하지만 내 마음을 몰라주는 아내가 야속하기도 했다. 그럴 때마다 당장 모든 걸 다 접고 싶어졌다. 그런데 그것이 말처럼 쉽지가 않았다. 작은 사업장을 만들어내는 데 거의 2억원 가까운 돈을 투자했고 그 금액 안에는 부모님, 친척, 친구의 돈이 포함되어 있었다. 사업을 그만두면 나만 망하는 게 아니라 여러 사람이 다치는 것이었다. 기대를 밑도는 매출과 나를 믿고 투자해준 지인들의 얼굴이 포스기(계산대)를 볼 때마다 겹쳐 보였다. 사실 없어진 돈은 육체노동을 해서라도 메우면 되지만 정작 내 마음을 무겁게 하는 것은 돈이 아니라 나를 믿어준 사람들의 신뢰였다. 상황을 아무리 긍정적으로 보려 해도 이 부분에서는 절로 고개가 숙여지고 앞이 캄캄해졌다.

가끔 부도를 낸 중소기업체 대표가 자살하는 뉴스를 접할 때면 돈 때문에 목숨을 끊는 그들을 이해할 수 없었다. 가족들, 특히 사랑하는 자녀들을 남겨놓고 그런 선택을 한다는 것에 도저히 공감할 수 없었다. 그런데 그분들이 허망하게 이 세상을 등지는 이유가 돈이 아니라는 것을 깨달았다. 가장 큰 이유는 책임감이었다. 그 책임감의 무게가 죽음을 통해서라도 회피하고 싶을 정도로 무겁다는 사실을 내가 망하고 나서야 알게 되었다.

신용카드 연체가 10일 이상 계속되면서 대화의 내용이 조금씩 달라졌다. '이관'이라는 용어가 나오고 15일쯤 지나면 '법적'이라는 용어가 나왔다. 심지어 가압류라는 단어까지 듣게 되면 요즘 말로 '멘붕' 상태가 온다.

"혹시라도 이관 확정되셔서 고객님께서 차량이나 부동산, 월급통장 같은 것의 가압류 절차를 밟으실 경우에 법적 비용도 고객님께서 부담하실 수 있으세요. 지금 총 잔액이 1,000만원이 넘기 때문에 한 번에 청구될 수 있는 우려도 굉장히 높으십니다. 그렇기 때문에 오늘 자유결제로 결정된 10%에 해당하는 금액 155만 5,000원 정도를 4시까지 완납 부탁드릴게요."

쉽게 풀어 쓰면 대략 이런 이야기다. 당신의 빚이 지금 1,000만원 조금 넘는다. 할부와 일시불로 쓴 돈 10%에 해당하는 금액만 청구했는데도 불구하고 연체가 되고 있으니 당장 갚아라. 안 그러면 1,000만원 모두 한꺼번에 청구하겠다. 그럼 더 못 갚겠지? 그 다음은 압류다. 그걸 원하진 않을 텐데?

정확히 알지는 못하지만 내 상식에 비추어 볼 때 연체가 한 달도 되지 않은 상황에서 가압류를 이야기하는 것이 좀 이상했다. 사실은 짜증났다는 표현이 더 맞다. 우리나라 법이 정말 그런지 의심도 갔다. 솔직히 성격이 유순하지 못해 그런 이야기를 들으면 그냥 넘어가지 못했다. 사실 그 상황에서는 미안하다, 조금만 기다려달라고 할 줄도 알아야 하는데 평소 대기업에 대한 반발심도 있고 겨우 한 달 밀린 것으로 압류 운운하는 게 짜증나기도 했다.

한 가지 재미있는 사실은 안내하는 사람의 태도인데 대화 내용은 사채업자 추심하는 것과 다를 바 없으면서 목소리 톤은 카드사 고객상담팀의 상냥함을 견지했다. 조금 이상한 부분은 한 달 넘게 매일 전화가 오는데 남자에게서 전화가 온 적은 한 번도 없었다. 매일 매일 그녀들과 통화를 했다.

필자 : 지금 연체한 지 25일이 됐잖아요. 한 달이 안되는데 가압류를 진행한다고요?

그녀 : 고객님, 아시다시피 신용카드는 고객님께서 먼저 사용하시고 후불로 납부하는 방식입니다. 결제로부터 한 달은 되지 않았지만 저희 쪽에서 이관 심사가 지속적으로 진행이 되고 있습니다. 보통은 2주 정도 연체하시면 관리부서가 변경되실 수 있으신데 지금까지 이용을 잘해주신 분이기 때문에 기한 연장을 많이 해드렸습니다. 가압류라는 부분은 채권 지점 쪽에서 이관이 되고 나서 그쪽에서 결정해서 되는 부분이기 때문에 지금 가압류 절차를 밟는다는 게 아니라 그러실 수 있는 우려 부분에 대해서 같이 안내 말씀 드리는 겁니다.

우려에 대해서 안내 말씀을 드린다고 했지만, 듣는 사람 입장에서는 협박이나 다름없었다. 나 같은 사람은 되묻기라도 하겠지만 마음 약한 사람은 간 떨어질 소리 아닌가? 분명 차량, 부동산, 월급통장에 대한 압류를 이야기해놓고 우려에 대한 안내였다고 했다.

필자 : 정확히 얘기해주세요. 가압류가 되는 건지 안되는 건지.

그녀 : 그 부분은 제가 장담드릴 수가 없어요, 고객님. 이관되시는 것도 우려되는 부분이 있기 때문에 연락을 드린 겁니다. 일단 고객님도 상황이 안되시겠지만 저희 쪽에서도 일정이 있기 때문에 고객님 한 분만 심사를 하는 게 아니잖아요. 고객님께서 노력을 하셔서 오늘 4시까지는 처리를 해주셔야 할 것 같습니다.

필자 : 그러면 이관되는 부서에서 저에게 연락을 좀 해달라고 해주세요.

그녀 : 고객님 죄송합니다. 그렇게는 연락이 안 가세요.

필자 : 아니 지금 협박하는 것도 아니고…….

그녀 : 고객님 그건 협박이 아니고요.

필자 : 협박 맞아요. 가압류가 될 수 있다고 하는 게 지금 법적으로 정확한 충고인가요?

그녀 : 네, 고객님 이 부분 관련해서 가압류 절차 밟으신 분들 많으세요. 이관되셔서요.

필자 : 그러니까요. 지금 '기한'이라는 게 있잖아요. 법적으로 연체가 며칠이 되면 그때부터 어떤 절차가 진행이 되는지 명확하게 안내를 해주세요.

그녀 : 고객님 죄송합니다만, 그건 상담실 쪽에서는 알 수가 없는 부분이고요.

필자 : 그러니까요. 정확하게 정보를 줄 수 있는 분이 전화를 달라고요.

그녀 : 그건 고객님마다 날짜가 다르세요.

필자 : 제 케이스에 대해서 명확한 정보를 주실 수 있는 분이 전화를 달라고요. 기한도 없이 가압류할 수 있으니까 오늘 입금하라는 말은 협박이나 다름없이 들립니다.

그녀 : 지금 고객님 저는 그렇게 말씀드린 부분이 아닙니다.

필자 : 방금 그렇게 얘기했잖아요. 가압류될 수 있다라고.

그녀 : 이관 우려가 있으시고 이관 확정 시에 가압류라는 법적 절차를 밟으실 우려가 있으시기 때문에 오늘 4시까지 입금해주시길 말씀드렸습니다.

필자 : 그러니까요. 제가 그 부분을 정확하게 알고 싶다는 거예요. 어떤 절차에 따라 어떤 기한 내에 가압류가 진행되는지를요. 그걸 정확하게 알고 싶다는 거죠.

그녀 : 고객님 그러면 가압류되시기 전까지 입금을 해주시겠다는 건가요?

이 질문은 정말 황당했다. 심지어 내 말은 듣지 않고 앞에 써놓은 매뉴얼대로 대답하는 것 같았다.

필자 : 아니요. 지금 돈이 없으니까 만약 가압류가 들어온다고 하면 개인파산 신청이나 다른 개인적 조치를 취해야겠죠.

그녀 : 고객님 그건 '며칠까지 입금 안하면 가압류됩니다'라고

공지가 나가는 게 아니라 지점 쪽에서 이관이 확정되시면 그때 담당자님분께서 고객님께 상의를 해보시고 절차가 정해지는 것이기 때문에 지금 고객님께 언제 이관되고 언제 가압류가 진행된다고 안내해드릴 수 있는 사람은 아무도 없습니다. 저희 상담실에서는 이관을 막아드리기 위해서 그 전에 입금을 유도하는 거고요.

필자 : 이것 보세요. 제가 돈이 있는데 지금 입금을 안하는 게 아니잖아요.

그녀 : 그건 알고 있습니다.

필자 : (그걸 아는 사람이 그래?) 그러니까 제가 정확한 절차를 알아야지 대응을 할 수 있다고요. 이런 식으로 가압류될 수 있으니까 오늘 내로 입금하라고 하니 답답한 일 아닙니까. 아니 오늘 입금할 수 있으면 당연히 오늘 입금하죠.

그녀 : 그럼 고객님 죄송한데 언제 정도로 예정하고 계십니까?

필자 : 매일 5만원, 10만원씩 입금하고 있으니까 10일 정도 걸리겠죠.

그녀 : 그렇게 메모를 남겨놓겠습니다. 그런데 고객님, 저희가 '심사이관'이 아니라 달이 바뀌면서 이관되는 경우가 있어요. 월이 바뀌면 전산으로, 자동으로 이관이 될 수 있으세요. 더군다나 고객님은 월이 바뀌면 2개월 연체가 되시기 때문에 이번 달 말까지 완납을 해주셔야 이관 절차를 밟지 않으실 수 있으세요.

필자 : 저는 그 부분은 관심 없고요, 아까 얘기한 압류에 대해서 정확한 정보를 전달해주세요.

그녀 : 그러면 저희 팀장님께서 연락을 드릴 수 있도록 메모를 남겨드릴게요. 늦어도 한 시간 안으로 연락드릴 수 있도록 해드릴게요.

이렇게 대화가 끝났다. 그 후로는 매일 오던 전화가 오지 않았다. 사실 빚 안 갚아놓고 되레 큰소리 치는 내가 이상한 사람이지 상담원은 잘못한 게 없었다. 결국 채권심사로 넘어가게 되었다.

채권심사는 일단 전화 목소리부터 달랐다. 1588-○○○○에서 전화가 왔을 때의 "안녕하세요, 고객님. ○○○ 고객님 본인 맞으신가요?"의 상냥함은 온데간데없이 사라지고 퉁명스런 남자의 건조한 목소리가 대화의 첫 분위기를 압도했다. 남자의 압박은 상냥한 안내원의 '충고'와는 차원이 달랐다. 언제 어느 법원에 압류절차를 진행하겠다고 통보하고 법적 절차를 밟는 비용까지 적시했다. 이쯤 되면 패닉 상태에 빠진다. 게다가 법원에서 집으로 보낸 관련 서류를 혹시라도 아내가 먼저 보게 된다면 그 결과는 상상하기도 싫었다. 다행이 마침 카페를 이전하게 되면서 받은 매장 보증금으로 연체를 해결했다. 데드라인을 약간 넘겼더니 법원에서 고지서가 오기는 했다. 아내가 "여보 우리 괜찮은 거지?"라고 물어보는데 미안한 마음에 일부러 그런 거라고 허세를 잔뜩 늘어놨다.

요즘 신용카드 연체 때문에 부동산을 압류당하는 경우가 신문 지면에 심심찮게 등장한다. 기사 내용은 대체로 집을 무리하게 매수해서 이자 돌려막기를 하느라 발생한 연체 케이스를 다루고 있지만 자영업자들의 연체도 상당할 것으로 예상된다. 그러고 보면 압류에 대한 '우려'를 해준 1588 상담원의 충고가 틀린 것은 아니었다. 현재 우리 사회의 구조와 현실이 자영업자들을 벼랑 끝으로 내몰고 있다.

● 은퇴자들의 무덤

누가 자영업자를 만드는가

몇 년 전부터 편의점 옆에 편의점이 생기고 거리에는 멋진 카페가 넘쳐나기 시작했다. 그리고 골목마다 치킨집 오토바이들은 엄청난 속도로 내달렸다. 그렇게 골목을 점령해나가기 시작한 작은 가게들이 서서히 무너지고 있다. 자영업 대란이 시작된 것이다. 경제가 어려울 때마다 실직자들이나 미취업 청년들에게 창업을 유도했기 때문인지 그들의 삶은 치열한 경쟁 속에서 더욱 더 피폐해져갔다.

국내 자영업자들이 얼마나 될까. 2010년 기준으로 15세 이상 생산 가능 인구 가운데 약 16.9%가 자영업자이거나 그들을 돕는 가족들이다. 전체 취업 인구의 28.8%에 이른다. 이 같은 비율은 세계 최고 수준이다. 한국 물정을 모르는 외국인들이 보면 자영업자들이 수익이 좋아서 그런가보다라고 생각할지도 모른다. 하지만 상황은 정반대다. 대부분 자영업자들이 호구지책에 가까운 상황이다. 그만큼 한국에서 안정적 일자리를 구하기가 힘들어서라고 할 수도 있다. 국내에서 정규직 일자리는 전체 생산 가능 인구의 24.8%에 불과해 세계에서 가장 낮은 수준이다. 안정적인 일자리가 워낙 부족하다보니 자영업이 늘어났다고 보는 것이 현실에 가깝다.

사실 우리 모두가 알고 있지 않은가. 외환위기 이후 허리 역할을 하는 중견 기업들이 대거 사라졌고, 대기업의 정리해고와 인력 절감도 만성화됐다. 어느 누구도 안정적인 일자리를 보장받지 못하는 시대를 살고 있다. 그 결과 현재 한국 경제에는 사실상의 실업자, 비정규직과 함께 생계형 자영업자들이 급증하고 있다.

그런데 최근에 와서는 가뜩이나 나빠진 상황이 더욱 악화되고 있다. 특히 장사가 안되어 문만 열고 있거나, 아예 장사를 포기한 자영업자들이 속출하는데도 불구하고 여전히 숱한 이들이 자영업에 뛰어들고 있다. 그런 양상은 마치 알래스카의 레밍떼를 보고 있는 듯한 착각을 불러일으킨다. 알래스카 절벽 위에서 아래로 뛰어내려 집단 자살하는 레밍떼 말이다. 아니 좀더 정확하게 비유하자면, 영화에서 괴수에 쫓겨 막다른 절벽이나 난간에 이른 군중들 같기도 하다. 뒤로는 더 이상 물러날 곳이 없는

데, 퇴로가 막힌 군중들이 계속 밀어닥친다. 앞쪽에서 밀려드는 군중들의 미는 힘을 이기지 못하고 절벽 가장자리에 선 군중들은 버티다 못해 결국 절벽 아래로 떨어진다. 참혹한 상황이 아닐 수 없다. 그런 참혹한 양상이 지금 우리 눈앞에서 벌어지고 있다. 하지만 이 사회는 사람들이 절벽 아래로 숱하게 떨어지고 있다는 사실을 잘 모르고 있는 듯하다.

이미 자영업이 과포화 상태라는 것을 모두가 알고 있다. 그런데도 많은 이들은 먹고살 다른 뾰족한 대안이 없어서, 또는 막연한 기대감으로 자영업에 뛰어들고 있다. 그리고 그 대열의 대부분은 베이비부머들이 차지하고 있다. 한국 경제의 고성장기를 구가해온 베이비부머들의 선두세대가 50대 전반에 이르면서 대거 은퇴하고 있다. 이들의 사정은 뻔하다. 기대 수명은 길어졌고, 자녀들은 대학생이어서 한창 학비가 들어갈 나이다. 그런데 어느날 꼬박꼬박 월급을 받던 직장에서 짐을 싸야 하는 상황이 되었다. 아직 살아갈 날은 많고, 돈 들어갈 데는 천지다. 그런데 그 나이에 번듯한 새 정규 직장을 잡는다는 것은 하늘의 별 따기다. 그럴 재주가 있었다면 원래 직장에서 더 오래 버텼을 것이다.

그렇게 직장에서 짐을 싸서 나온 50대가 선택할 수밖에 없는 것이 자영업이다. 비교적 안정적인 정규직 일자리에서 은퇴한 50대 베이비붐 세대들이 불안정한 저소득 서비스업이나 영세 자영업으로 뛰어들고 있는 것이다. 이미 기존 자영업자들의 시체가 즐비한 곳으로 말이다. 더 큰 문제는 근본적 변화가 일어나지 않는다면 이 추세는 향후 20~30년간 지속될 가능성이 높다는 점이다. 그 기간 얼마나 많은 자영업자들이 절벽 아래로 떨어지는 사태를 맞을지 생각만 해도 소름이 돋는다. 이건 단순히 과장된 비유가 아니다. 한 언론의 보도를 보면 절절히 느낄 수 있다.

200만원 빚이 3,500만원… 사채늪 시름하는 재래상인

지난 4월 18일부터 지난달 31일까지 경찰은 불법 대부(사채)업자에 대한 대대적 단속을 벌였다. 단속이 한창이던 4월 말, 3,500만원의 사채빚을 진 꽃집 사장이 목숨을 끊었다. 단속 시작 5일 전에는 사채빚 1억원을 감당하지 못해 막창집 사장이 자살했다. 그들은 당국에 신고할 엄두를 내지 못했다. 시장에서 만난 상인들은 "사채 없이는 장사할 수 없다"고 말했다.

(중략)

아직 정확한 실태가 파악된 적은 없지만, 저신용등급에 처한 채무자 상당수는 중소규모 자영업자인 것으로 추정된다. 최근 중소기업중앙회가 전국 자영업자 300명을 대상으로 조사한 결과를 보면, 조사 대상자의 84.3%가 빚을 지고 있었고, 평균 부채는 1억 1,364만원으로 나타났다. 지난해 일반가계 평균 부채금액인 8,289만원에 비해 3,075만원 많다. 이들의 월 평균 이자비용은 94만원에 달했다. 이 가운데 대부업을 통해 돈을 빌린 경우도 13%였다. 자영업자 10명 가운데

1명은 사채빚을 쓰고 있는 셈이다. 자영업자의 빚은 갈수록 늘어나고 있다. 중소 기업중앙회 조사 결과, '원금을 못 갚고 이자만 내고 있거나, 돌려막기로 오히려 이자가 늘어났다'는 경우가 70.5%에 이르렀다.

- 〈한겨레신문〉 2012년 7월 1일자

많은 자영업자들이 장사는 안되고 비용은 늘어 사채까지 썼다가 목숨을 끊고 있는 것이다. 이코노사이드econo-cide라는 표현이 있는데 이는 경제economy와 자살suicide의 합성어로 경제적 곤궁에 몰려 자살을 선택하는 경우를 말한다. 외환위기 이후 한국 사회의 자살률이 몇 배씩 급증해 세계 최고수준에 이른 데는 이 같은 이코노사이드 유형이 굉장히 많다. 그 가운데 상당 부분이 궁지에 몰린 생계형 자영업자들이 아닐까 싶다. 사채까지 쓰지는 않는다 하더라도 위 기사에서 보는 것처럼 빚더미에 올라 있는 것이다. 이런 게 재래상인이나 영세 자영업 등의 경우에만 해당된다면 극히 일부의 일이라고 생각하며 스스로 위안을 삼을 수도 있겠다. 그러나 이처럼 극한의 상황은 아니지만, 흔히 낭만적으로 보이는 카페 사업조차도 폐업이 속출한다. 그것도 카페가 가장 잘될 것 같은 상권에서 말이다.

2장에서 카페를 열었던 필자의 생생한 체험기를 소개하기 전에 〈한겨레신문〉에 게재된 한 칼럼 내용을 맛보기 삼아 읽어보자.

〔야! 한국사회〕 27년 된 슈퍼 자리에도… 한국은 카페 공화국

이제 그만 생길 줄 알았다. 3~4년 전부터 서울 가회동과 북촌 일대에 카페가 부쩍 늘더니 1년쯤 전부터 주춤했다. 이미 문을 연 카페도 3~4곳에 하나는 문을 닫는 듯했다. 그렇겠지. 카페 창업 붐이 인 게 언제인데, 과포화 상태가 될 때도 됐지….

그게 아니었다. 문을 닫았다고 생각했던 곳들에 인테리어를 바꾼 새 카페가 들어섰다. 1층짜리가 2층짜리로 된 곳도 있다. 5~6개월 전부턴 또 새 카페가 들어서기 시작했다. 세탁소, 꽃집이 카페에 밀려났다. 10년 된 한복집이 나간 자리에도 카페가 들어선다고 했다. 27년 된 옛날식 슈퍼마켓이 문을 닫고 나간 자리를 차지한 것도 역시 카페였다. (중략)

왜 이렇게 카페가 늘까. 북촌의 한 카페 주인의 분석은 이랬다. 땅값이 오르니 임대료를 올려야 하는데 '볼거리 아닌 것'들은 그 임대료를 감당치 못한다. 그럼 새로운 가게가 들어와야 하는데, 지금 막 창업하려는 이들이 하고 싶어하는 게 뭐냐. 마침 베이비붐 세대의 정년퇴직이 시작돼 창업 희망자가 쏟아져 나오고 있을 터. 건물주, 창업자 모두에게 이래저래 카페가 무난하다는 것이다.

그 카페들이 다 장사가 될까. 북촌 주민들의 반응은 비관적인 경우가 많았다. 장사가 안되는 쪽이 더 많다는 거다. 건물주가 슈퍼마켓, 세탁소 등을 쫓아내고 카페를 받았는데 카페도 나가버리면 임대가 안되니 팔려고 내놓을 수밖에 없다. 좀처럼 매물이 나오지 않는 이 일대에 그렇게 매물이 나오기 시작해, 한 골목의 양쪽 건물들을 어느 대기업이 다 샀다는 말도 나돈다.

- 〈한겨레신문〉 2012년 5월 29일자

가장 우아하고 낭만적으로 보이는 카페가, 그것도 가장 장사가 잘될 것 같은 곳에서조차 이 지경이라면 도대체 어떤 자영업자가 돈을 벌고 있는 것일까. 물론 분명 규모는 작아도 두둑한 수입을 올리는 자영업자가 있고, 규모를 키워 알짜배기 중소기업처럼 운영하는 음식점 등도 많다. 하지만 지금 새로 창업에 나서고 있는 대다수의 자영업자들은 먹고살기조차 힘들다. 빚 안 지고 현상유지라도 하면 그나마 다행이라고 해야 할 상황인 것이다.

지금도 이런 상황인데 은퇴한 베이비부머들은 계속해서 꾸역꾸역 밀려들고 있다. 이런 실태를 선대인경제연구소의 도움을 얻어 수치로 확인해보았다. 우선 〔도표 1〕을 보자. 연령대별로 경제활동인구와 취업자 수 추이를 살펴보면 눈에 띄는 부분이 있다. 다른 모든 연령대에서는 큰 변화가 없는데 유독 50대의 경제활동인구와 취업자 수만 급증하고 있는 것이다. 50대에 이어 60대 이상 노령 세대의 경제활동인구와 취업자 수도 계절적 진폭이 크지만 꾸준히 늘어났다. 2009년 이후 2012년 4월까지 전체 취업자 수가 190만 명가량 늘었는데, 늘어난 전체 취업자 수의 약 57%가 50대다. 50대와 60대 이상을 합친 취업자 수는 같은 기간 196만 명이 넘어 같은 기간 전체 취업자 증가분을 넘어선다. 대부분 50대 이상 노후세대에서 취업자가 늘어날 뿐 40대 이하 연령대에서는 오히려 취업자 수가 뒷걸음질치고 있는

도표 1] **연령대별 경제활동인구 추이와 취업자 추이**

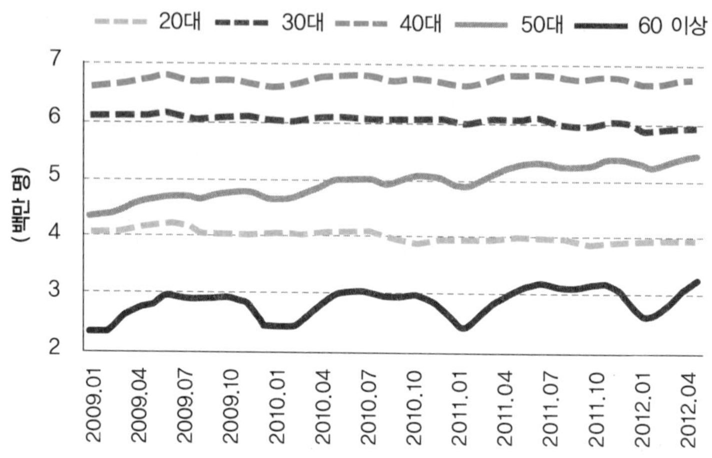

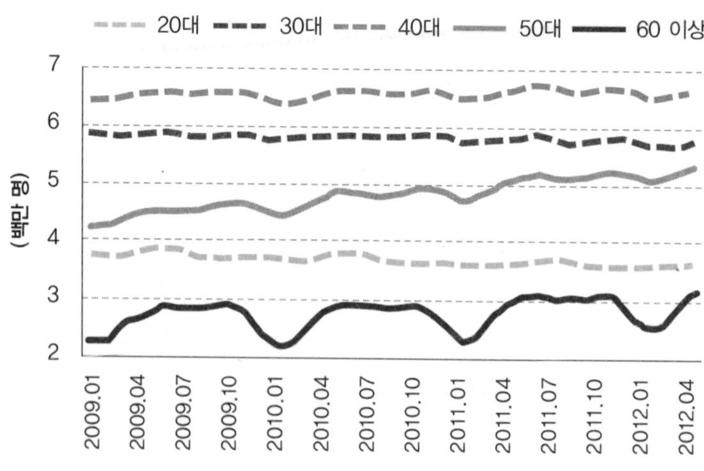

• 통계청 추계를 바탕으로 선대인경제연구소 작성

것이다.

그렇다면 이렇게 50대와 60대 이상 노후세대가 대거 취업한 일자리는 어떤 것들일까. 2004년부터 2012년 상반기까지 전체 취업자 수는 282.2만 명 늘었다. 그런데 이 기간 정규직 일자리가 대부분인 제조업 부문의 취업자 수는 416.8만 명에서 404.2만 명으로 오히려 줄었다. 반면 농업을 제외한 비제조업 분야 취업자 수는 1628.1만 명에서 1910.3만 명으로 282.2만 명이나 늘었다. 우연인지 전체 취업자 증가 수치와 똑같다. 2004년 이후 늘어난 전체 취업자 모두가 사실상 비제조업 분야에서 늘어난 셈이다. 이 가운데서도 사업 서비스, 개인 서비스, 공공 서비스, 기타 서비스 분야의 취업자 수가 267.9만 명 늘어 거의 대부분을 차지하고 있다. 구체적으로는 사업 시설 유지 관리, 청소업, 소독방제업, 인력 공급 및 고용 알선업이나 도소매업, 택시기사 및 대리운전, 택배 등을 포함하는 운수업 분야 등이다. 서비스 분야 중에서도 상대적으로 사업 규모가 영세하고 고용 안정성이 떨어지는 업종인 셈이다.

요약하면 최근 몇 년 동안 늘어난 일자리는 거의 모두 50대와 60대 이상 은퇴 이후 세대에서 생겨났으며, 일자리가 늘어난 분야도 모두 비제조 서비스 분야다. 이런 처지에 있는 50대 이상 은퇴세대가 퇴직한 뒤 택할 수 있는 선택지는 뭐가 있겠는가. 하나는 다니던 직장에서 쫓겨난 뒤 영세한 저소득 업종에 재취업하는 것이고, 다른 하나는 큰돈을 벌지 못하더라도 퇴직금 등을 투자해 음식점이나 카페, 편의점, 슈퍼마켓, 치킨집, 피자집 등을 차려 자영업으로 전환하는 것이다. 어느 경우든 당사자들이 크게 달가워할 리 없다. 다른 선택의 여지가 없는 가운데 생존을 걸고 하는 선택이라고 할 수밖에 없다. 특히 자영업에 뛰어드는 사람들은 이미 포화상태인 걸 모르지 않는다. 그런데도 무슨 일이든 하지 않을 수 없는 것이다. 이런 이유로 2000년대 중반 이후 줄어들던 편의점과 슈퍼마켓, 옷가게 등 도소매업 취업자가 2010년 이후부터 다시 가파르게 늘어나고 있다. 이미 자영업자 비율이 OECD 국가 평균의 2배가 넘어 30%에 이르는 상황임에도 그 수가 다시 늘어나고 있는 것이다.

자영업 푸어 만들어내는 임대료

그런데 이런 자영업자들은 왜 죽어나고 있는 것일까. 필자가 생각하기에 가장 큰 이유는 부동산 임대료다. 2000년대에 휘몰아친 부동산 광풍이 '하우스 푸어'만 양산한 게 아니라 '자영업 푸어'도 수없이 양산했다. 뒤에서 좀더 자세히 이야기하겠지만, 필자는 홍대 정문 인근에 있는 건물 2층의 35평짜리 매장을 임대하는 데 보증금 7,000만원에 월 374만원(부가가치세와 관리비 포함)을 내야 했다. 보증금에 대한 이자까지 환산한다면 월 400만원 정도를 임대료로 내고 있었던 것이다. 매출이 아무리 늘어도 550만원 이상 나오지를 않았으니 돈이 모일 리 만무했다. 부지런히 벌어 매장 임대료만 열심히 낸 꼴이 됐던 셈이다. 그런데 돌아다니며 이런저런 지역과 업종에 있는 자영업자들 이야기를 들어봐도 임대료는 대부분 과도한 수준이었다. 더욱이 장사가 되지 않는데도 부동산 임대료는 매우 높았다. 과도한 경쟁으로 매출이 떨어지고 있는 자영업자의 벌이로 따져보면 임대료가 내려가는 게 정상이다. 하지만 자영업 경기가 불황인데도 임대료는 오히려 올라가고 있었다.

여기에는 몇 가지 이유가 있다. 우선 아직도 2000년대 부동산 열기가 다 식지 않아서 한번 올랐던 상가 건물이나 개별 매장의 부동산 가격은 크게 떨어지지 않고 있다. 더구나 정부가 계속 부동산 시장을 떠받치겠다는 신호를 주고 있으니 상가들이 다 시들어가는데도 임대료는 생각보다 잘 떨어지지 않고 있다. 그런데 이런 상가 주인들의 대부분은 거액의 빚을 지고 있었다. 한 건물주는 20억원대 상가 건물을 소유하고 있었지만 월 1,000만원이 넘는 임대료를 받아 거의 대부분을 은행 이자로 내고 있었다. 그는 지난해 은행과 협의해 건물을 은행에 넘기는 조건으로 모든 채무를 면제받았다. 허탈하기도 할 텐데 그는 "이제 빚 걱정 안해 속이 시원하다"고 말했다. 빚을 잔뜩 진 대부분의 건물주들은 정부의 부양책에 기대 부동산 가격을 지키려 안간힘을 쓰고 있다. 이렇게 높은 상가 부동산 가격을 합리화하고 자신들이 진 빚에 대한 금융권 이자도 물어야 하니 임대료를 지키거나 올리는 데 혈안이 될 수밖에 없다. 임차인으로부터 월세를 받아 은행에 월세를 내는 셈이다.

상가 주인들이 아무리 임대료를 높은 수준으로 유지하고 싶어도 수요가 없으면 그럴 수가 없다. 그런데 서글픈 현실이지만 지금도 수요는 계속 생겨나고 있다. 앞서 봤지만 자영업을 하겠다는 사람들이 꾸역꾸역 밀려드니 대부분 매장에서 장사가 안 되는데도 임대료는 떨어지지 않았다. 자영업의 전반적인 수익률이 떨어질 때는 다른 직업을 찾아가면 이런 일이 안 생긴다. 하지만 정규직 직장에서 나와 자영업으로 나오는 것은 가능한 반면, 자영업에서 다시 정규직장으로 가는 것은 불가능에 가깝다. 자영업 시장은 한마디로 한쪽 방향으로만 흐르는 수로를 따라 만들어진 웅덩이에 가깝다. 이른바 직업이동의 비대칭성이 존재하는 것이다. 대부분의 자영업 매장들이 장사가 안되어 폐업해도 그 자리를 메울 자영업자들이 줄을 서 있으니 임대료가 쉽게 내려가지 않는다. 그 속을 들여다보면 새로 자영업에 뛰어든 사람들이 사정을 잘 모르는 상태에서 상가주인 입장에 가까운 부동산 중개업소의 부정확한 정보에 당하는 경우도 많다. 그러니 장사가 안되어 폐업을 거듭하는데도 폐업한 자리에 금방 또 새로운 매장이 들어서는 것이다.

어쨌든 이런 식으로 높은 임대료가 형성된 상태에서 웬만한 자영업자들은 당해낼 재간이 없다. 2012년 8월 보건사회연구원이 '공중위생수준제고를 위한 실태 조사 및 제도개선방안 연구'에서 발표한 바에 따르면 관련 업종의 평균 월세는 ▲미용업 129만원 ▲피부미용업 129만원 ▲세탁업 54만원 ▲이용업 37만원 ▲숙박업 603만원 ▲목욕업 814만원 등으로 집계되었다. 그런데 연매출 2,000만원 미만(월 매출 167만원 미만) 업소의 비율은 이용업(88.7%), 세탁업(62.3%), 미용업(48.4%), 피부미용업(38.1%), 숙박업(29.2%), 목욕업(17.1%) 순이었다. 이미용업 및 세탁업의 다수가 임대료를 내고 나면 남는 게 없는 상태인 셈이다.

이렇게 임대료가 높으면 음식점의 경우 식재료비 등을 아낀다든지 인건비를 줄인다든지 할 수밖에 없다. 그런데 그렇게 인건비나 식재료비를 아끼면 제공하는 음식이나 서비스의 질이 떨어질 수밖에 없다. 그러면 더더욱 손님의 발길이 끊기기 십상이다. 축소 지향의 악순환 구조에 들어가게 되는 것이다. 물론 영세 자영업자들은 아르바이트 직원들을 쓰지 않고 가족들이 대신하는 경우가 많다. 그 경우에도 일이 줄어들면 가족들이 심야 대리운전 등 또 다른 부업전선에 나서야 한다. 정말 악전고투하는 자영업자들이 너무 많다.

● 대기업의 횡포

늘어나는 마트에 등 터지는 자영업자들

익히 알려진 대로 골목상권을 짓밟는 재벌 유통업체나 대규모 프랜차이즈들의 횡포도 심각하다. 예를 들어, 편의점 사업 1등 주자인 CU(옛 보광훼미리마트)는 동네 슈퍼마켓과 소매점을 몰락시킨 대표 기업이다. CU의 점포 수는 1992년 100개였지만 2002년 1,000개, 2003년 2,000개, 2005년 3,000개, 2008년 4,000개, 2010년 5,000개, 2012년 들어 6,500개를 넘어섰다. 거의 기하급수적으로 늘어난 것이다. 이렇게 편의점이 늘어나는 사이 우리동네 골목 어귀를 지켰던 슈퍼마켓과 구멍가게들은 차츰차츰 사라졌다. 그런데 이런 속도로 10년, 20년이 더 지나면 동네 슈퍼마켓과 구멍가게들은 아예 '옛날옛적에' 사진전에나 나오는 존재가 될지도 모른다. 대신 기존에 슈퍼마켓과 구멍가게를 운영하던 자영업자들은 울며 겨자먹기 식으로 재벌 프랜차이즈 가맹점이 되고 있다. 하지만 그 경우 재벌 계열사에 로열티를 내고 수시로 인테리어를 바꿔야 하기 때문에 손에 남는 게 없다. 대신 소수 프랜차이즈 업체들은 점점 '자신들만의 리그'를 만들어 시장을 지배하며 가격을 담합해 폭리를 취한다. 그 결과 소비자들은 완전경쟁 상태에 비해 훨씬 비싼 가격에 시달림을 받는다.

이를 잘 보여주는 것이 2010년 말에 일어났던 '통큰치킨' 사태다. 롯데마트가 프라이드 치킨을 5,000원에 팔겠다며 대대적인 판촉전을 벌이자 주변 치킨집들이 반발하면서 사태가 벌어졌다. 당시 롯데마트가 통큰치킨 판매를 중단하기로 함으로써 일단락됐지만, 재벌 유통업체의 횡포가 자영업에 얼마나 치명적 위협을 가할 수 있는지를 단적으로 보여줬다. 사실 '통큰치킨' 외에 '이마트 피자'도 큰 파장을 낳았다. 실제로 2005년 1조 8,000억원 수준이던 대형마트 월 매출액이 2011년에는 3조원이 넘는 규모로 성장했다. 재벌 대기업들이 기존 백화점보다는 대형마트를 전국 곳곳에 늘려가는 방식으로 매출경쟁을 벌인 결과다. 그 과정에서 수많은 자영업자들은 고래싸움에 새우등 터지듯 찌부러져버렸다.

이들 영세 동네상권의 중소 소매업자들이 대형 유통업체들의 공략으로 얼마나 심각한 타격을 입고 있는지 살펴보자. 우선 대형점 진출이 중소 유통업자들의 매출에 미친 영향에 관한 조사 결과를 보면, 업종에 상관없이 94% 전후가 매출이 감소했다. 또 대형점 진출로 인해 51% 이상의 매출감소를 기록했다는 점주가 22.9%를 차지하는 등 전체 평균 42.8%가량 매출액이 감소한 것으로 나타났다. 특히 상권 유형별로 주거지 인근상권이 44.2%, 또 월 평균매출액 500만원 이하 영세 자영업주는 평균 48.7%의 매출액 감소를 기록했다고 답해 주거지 인근상가와 영세 자영업주 상가의 타격이 상대적으로 큰 것으로 나타났다. 이 같은 현실은 상권 유형별로는 주거지 근린상권에서, 입주 형태별로는 아파트 단지상가에서 매출에 영향을 주는 대형점의 개수가 더 많다는 조사결과와도 연결되어 있다. 실제로 중소 소매업체들은 점포운영의 애로점으로 '경기 불황'이라는 일반적인 답변 외에는 '대형점의 출점'을 가장 많이 꼽고 있었다. 대형점의 출점으로 인한 중소 소매상권이 산산조각 나고 있는 것이다. 그런데 문제는 이런 실태조사가 2005년부터 실시되었는데도 불구하고 정부는 계속 손을 놓고 있었다는 것이다. 재벌 유통업체들이 육식 공룡처럼 동네상권을 짓밟는 것도 문제지만, 이를 방치한 정부와 정치권의 태도도 심각하다. 동네상권을 짓밟으며 재벌 유통업체들이 배를 불리는 동안 정부 당국은 도대체 뭘 했단 말인가.

특히 대형마트 입점에 관한 도시 계획상의 문제는 좀더 적극적 대응이 필요했다. 생활 편의를 위해 근린상가가 들어서는 것은 이해할 수 있다. 하지만 대형마트가 주택가까지 들어서는 것은 너무 지나치다. 지금까지 심각한 사회적 고민 없이 주민들은 대형 쇼핑몰이나 대형마트가 들어서면 집값이 뛴다는 이유로, 또 대기업들은 이미 포화 상태에 이른 대형마트 사업들의 매출을 늘리는 수단으로 SSM까지 만들어가며 점점 주택가를 파고들었다.

이런 구조에서는 당연히 재래시장이나 동네상권이 시들어갈 수밖에 없었다. 도시계획을 할 때부터 상권 충돌 가능성까지 염두에 두고 적절한 가이드라인을 적용했어야 했다. 예를 들어, 대형마트들이 주택가와 동네상권에서 일정하게 떨어져 있다고 생각해보자. 실제로 미국의 경우 대형마트들은 대부분 도시 외곽에 자리 잡고 있어 국내와 같은 갈등이 심각하게 일어나지 않는다. 업체들 입장에서는 대량의 물품을 쌓아놓는 공간이 필요한 한편 쇼핑몰 건립비 및 창고비용 등을 줄여야 하니 자연스레 도시 외곽에 쇼핑몰을 만들게 된다. 더구나 자동차 문화가 발달해 있어 주민들도 외곽의 쇼핑몰에 가는 수고를 마다하지 않는다. 또한 그 수고를 충분히 보상해줄 만큼 가격이 저렴하기도 하다. 물론 땅이 넓고 중산층이 교외에 살며 자동차 문화도 발달해 있어 자연스레 그렇게 형성된 측면이 있기는 하다.

어쨌거나 도시 외곽에 대형마트들이 자리잡고 있다보니 적어도 한국과 같은 상권 충돌 문제가 발생할 여지는 상대적으로 매우 적다. 한국처럼 그런 상황을 두고 동네상권을 잠식한다고 비난할 소지가 처음부터 거의 없는 것이다. 주변에 프랜차이즈 레스토랑 등이 있기는 하지만, 그 업체들은 오히려 쇼핑객들 때문에 먹고사는 셈이니 불만이 있을 리 없다.

하지만 주택가에 매우 인접한 곳까지 대형 쇼핑 시설과 마트가 들어선 한국의 경우 상권 충돌이 매우 격하게 일어날 수밖에 없다. 이런 식으로 방치하면 결국 대형 마트들 때문에 동네상권이 모두 고사되는 사태로 치달을 수밖에 없다. 따라서 하루빨리 적절한 도시 계획상의 규제선을 마련해야만 한다. 하지만 정부와 정치권이 손 놓고 있는 사이 대기업 유통업체들은 동네상권을 거의 잠식해버린 상태다.

이런 상태에서 이명박정부가 들어선 뒤 자영업자들의 상황은 더욱 악화됐다. 알다시피 이명박정부는 인위적인 고환율 정책을 써서 수입물가 인상 형태로 소비자물가까지 띄워놓았다. 특히 2010년과 2011년에는 상추, 배추 등 각종 채소와 과일, 생선 등 식료품 가격 등을 한두 달 새에 수십%씩 치솟게 만들었다. 또한 구제역 파동 등을 거치면서 쇠고기 값까지 금값이 되게 만들었다. 이런 물가상승은 일반 가계의 장바구니 물가만 올린 게 아니라 음식점 등을 중심으로 한 자영업자들의 자재값도 인상시켰다. 가뜩이나 장사도 안되는데 물가까지 뛰니 자영업자들은 죽을 맛이었다. 설상가상으로 이명박정부 이후 가계의 실질 소득은 도무지 늘지가 않았다. 그래서 자영업자들은 부동산 임대료와 인건비, 재료비 등 비용은 죄다 오르는데 매출만 안 는다고 아우성을 치고 있다.

● **자영업 쇼크**

절벽 아래로 계속 떨어지고 있는 자영업자들

더 무서운 사실은 앞서 말한 상황이 여기서 끝이 아니라는 점이다. 이 상태라면 은퇴하는 베이비붐 세대들이 자영업자로 편입되는 시기가 향후 20~30년 동안 더 지속될 가능성이 높다. 〔도표 2〕를 보면 알 수 있듯이 1958~1971년 사이에 연간 100만 명씩 태어난 베이비붐 세대가 50대 은퇴기에 이르러 지속적으로 고용시장에 쏟아질 수밖에 없다. 통계청 추계에 따르면 50대 인구가 2011년부터 700만 명을 넘어서 2023년 845.8만 명으로 정점을 찍은 뒤 2040년에 가서야 다시 700만 명 아래로 떨어지게 된다. 한국 사회의 현실에 비춰볼 때 실질적인 은퇴 연령대라고 할 수 있는 52~56세 연령대 인구 추이를 봐도 상황은 크게 달라지지 않는다. 2011년 369.9만 명인 이 연령대 인구는

도표 2] **50대 및 52~56세 인구 추계**

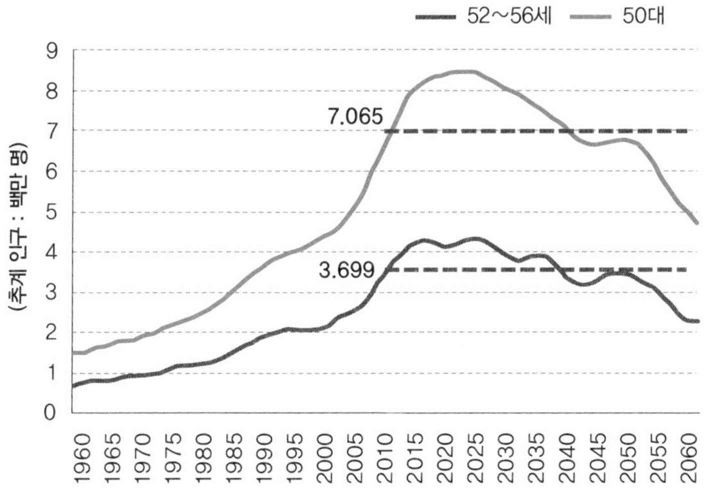

• 통계청 추계를 바탕으로 선대인경제연구소 작성

급속히 늘어 2016년 426.4만 명으로 정점을 찍은 뒤 2037년 이후에야 370만 명 아래로 떨어지게 된다. 베이비부머 쇼크가 고용시장에 밀어닥친 2011년 수준의 은퇴 인구가 약 27~30년간 지속된다는 것이다.

길어진 노후 시기에 필요한 소득을 어떤 식으로든 벌기 위해 현재 50대 인구가 60대 이상이 되어도 일거리를 찾게 되는 비율이 점점 늘어난다고 가정해보자. 그 경우 자영업 쇼크는 훨씬 더 오래, 그리고 훨씬 더 큰 파장을 그리며 전개될 가능성이 높다.

도표 3] **자영업자가 발생하는 구조**

- 임대료 상승 또는 높은 상태 유지
- 재벌 대기업의 골목상권 침범
- 정부·정치권의 정책적 미비
- 고령화에 따른 소비 감소
- 이명박정부 이후 고물가·소득 정체 따른 소비 위축

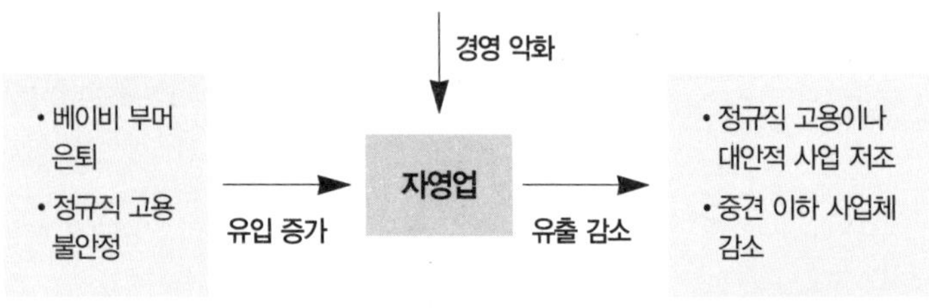

• 통계청 자료를 바탕으로 선대인경제연구소 작성

따라서 현재의 자영업 쇼크는 일시적인 것이 아니라 향후 30년가량 지속될 고용 충격의 시발점이 될 가능성이 높다. 따라서 지금이라도 이 같은 장기 충격에 대비한 정책과 제도를 하루빨리 마련해야 한다. 그런데도 정부는 자영업이 늘어나 오히려 겉으로 드러나는 실업률이 낮아지는 현상을 '고용대박'이라고 떠들며 희희낙락하고 있다. 이런 식으로 가면 50대 이상 자영업자들의 노후자금마저 바닥나 빚을 내거나 정부의 사회복지 서비스에 의존해 살아가야 하는 저소득층으로 전락할 가능성이 커진다. 이른바 '자영업 푸어'가 되는 것이다. 사실 이 같은 자영업 푸어는 이미 50대 이후 노후 세대의 상당수를 차지하지만 제대로 된 실태파악조차 되지 않고 있다. 실제로 〈조선비즈〉가 보도한 기획재정부 자료에 따르면 2010년 폐업한 자영업자들 가운데 불과 7.7%만이 실업자로 분류되었고, 92.3%는 비경제활동인구로 분류되어 정부대책 등의 사각지대에 놓여 있다.

앞에서 본 것처럼 '자영업 대란'은 이제부터 시작이다. 지금이라도 정부는 자영업자들이 절벽 아래로 계속 떨어질 수밖에 없는 구조를 바꿔줘야 한다. 무엇보다 부동산 거품을 빼서 자영업자의 임대료 부담을 줄여야 한다. 법적 성격이 명확하지 않은 권리금 문제도 정리해야 한다. 또한 재벌 독식 구조를 없애 산업 생태계를 살아나게 해 중소기업이 숨을 쉴 수 있도록 해야 한다. 그렇게 해야 내실 있는 안정적 일자리들이 생겨나 이미 과포화 상태인 자영업으로 유입되는 은퇴자들을 흡수할 수 있다. 더불어 현재 SSM과 대형마트들의 입점 및 영업일 규제를 강화해 영세 서비스업과 자영업 기반이 붕괴되는 것을 막아야 한다. 한편 대기업 프랜차이즈 업체들의 과도한 인테리어 비용 및 가맹비 등을 줄일 수 있도록 규제하고 부당한 본사의 요구에 대해서는 불공정거래 행위로 제재할 수 있도록 해야 한다.

지금까지는 자영업 문제의 실태를 구조적 측면에서 살펴봤다. 이제 필자가 실제로 카페를 차리고 사실상 폐업하면서 겪었던 분투기를 통해 좀더 미시적 관점에서 살펴보자.

Part 02

골목사장, 빚지고 태어나 빚 갚다 죽다

● 실패가 용납되지 않는 사회

빚 내서 창업하고, 그 빚에 또 빠지고……

신사동 가로수길 뒷골목에 조그마한 이탈리아 레스토랑이 있었다. 이름은 '라피자'. 이곳은 조금 유명하다. 딴지라디오 팟캐스트 〈나는 꼼수다〉(일명 '나꼼수')로 유명한 김어준 총수와 김용민 PD가 진행하는 〈한겨레신문〉의 '뉴욕타임즈'에 자주 등장했던 피자집이기 때문이다.

한번은 작은 가게들의 애로점들을 듣기 위해 트위터에 "자영업 실태에 대해 조사하고 있습니다. 트친님 중에 자영업에 대해 할 말 많은 분 계시면 연락 주세요"라는 글을 올렸다. 어느 트친이 "이탈리아 레스토랑을 운영했는데 얼마 전 문을 닫았습니다. 도움이 될지 모르겠네요"라고 답을 해왔다. 지체 없이 바로 다음 날 만났다. 대화를 나누다보니 다름아닌 라피자 사장님이었다.

필자도 '뉴욕타임즈'를 자주 보던 터라 '라피자'라는 상호를 자주 접했었다. 한 번은 가봐야지 생각했었는데 반가웠다. 그러나 망했다고 찾아왔는데 반갑다고 표현하기도 애매했다. 필자도 홍대에서 카페를 하다가 망신창이가 되어 쫓겨난 지 얼마 되지 않았을 때라 동변상련의 공감대가 형성되었다. 라피자 사장님도 성격이 쾌활하셔서 재미있게 대화를 나눴지만 곱씹어보면 대화 내용은 참 우울했다.

필자 : 찾아주셔서 감사해요. 찾으시는 데 어렵지 않으셨어요?

라사장님 : 홍대에는 자주 오니까 괜찮았어요.

필자 : 저희는 홍대 정문에서 상수역 쪽으로 가는 길에 있었는데 폭삭 망해서 여기로 왔어요.

라사장님 : 임대료가 얼마였는데요?

(자영업을 해본 사람들은 첫 질문은 거의 '임대료 얼마였어요?'다. 나도 어디를 가면 제일 먼저 하는 질문이다. 임대료는 자영업자 생존의 ABC에서 A에 해당하기 때문이다.)

필자 : 400만원이었어요. 2층인데! 이것보다(동교동으로 이전한 카페) 조금 더 크기는 했어요. 테이블이 12개 들어갔는데, 테이블을 꽉 채운 적이 거의 없었죠. 주말 빼고는요. 평일에는 유동 인구가 거의 없고요. 여기(동교동)보다 훨씬 없어요.

라사장님 : 상수 쪽이면 그렇겠네요. 동네 분들만 조금 있고.

(역시 장사를 한번 해본 분이라 그런지 상권을 훤히 꿰뚫고 있었다.)

필자 : 그렇죠. 그런데 만약 저희가 홍대 메인 거리라고 할 수 있는 홍대 정문에서 2호선 홍대역 쪽으로 가는 길에서 카페를 했으면 임대료는 400만원으로 어림없었겠죠. 홍대는 커피 팔아서 뭔가를 할 수 있는 곳이 아닌 것 같아요.

라사장님 : 홍대뿐만 아니라 다 포화 상태예요. 신사동도 그래요.

필자 : 어디나 다 그런가봐요. 그런데 카페를 하셨어요?

라사장님 : 조그마한 이탈리아 레스토랑을 했었어요.

필자 : 카페에 오셔서 핸드드립을 찾으시는 분들은 뭔가를 해보신 분들이더라고요. 대부분은 '아메리카노 주세요' 하시죠.

(라사장님이 매장에 들어오시면서 신분을 밝히지 않으시고 커피를 시키셨는데 에티오피아 하라였다. 일반적으로 예가체프라 알려져 있는 커피다.)

라사장님 : 저도 거의 아메리카노를 마시는데 핸드드립을 비중 있게 하는 곳에서는 드립을 마셔요.

필자 : 아무래도 핸드드립이 맛있을 수밖에 없죠. 에티오피아 하라를 찾는 분도 많지 않거든요. 역시 뭔가 해보신 분이라는 걸 단번에 알았다니까요.

라사장님 : 그러게요. 하라를 가지고 있는 카페도 많이 못 봤어요. 보통 며칠에 한 번씩 커피를 볶으세요?

필자 : 거의 매일 볶죠. 저희도 하루에 300~400g 쓰고 주문 들어오는 것도 있으니까 1kg짜리 로스터로 물량을 맞추려면 매일

볶아야 해요. 로스터가 5kg짜리면 한꺼번에 많이 볶을 수 있겠지만 기계 값이 5,000만원 가까이 되어 엄두도 못 내죠. 로스터 가격이 1kg당 1,000만원이라 생각하시면 돼요. 요즘에는 조그마한 로스터리 카페가 많이 생기는데 투자들을 많이 하시는 거죠.

라사장님 : 원두 단가가 셀 것 같은데요.

(라사장님은 본인도 모르게 임대료, 재료비 등 자영업자들이 궁금해하는 질문들을 쏟아내고 계셨다.)

필자 : 아프리카 커피가 좀 센 편이에요. 하지만 원가가 비싸다고 돈을 더 많이 받기는 힘들어요. 르완다 공정무역 빼고는 가격이 다 비슷해요.

라사장님 : 맞아요. 재료가 좋다고 비싸게 받을 수는 없더라고요.

필자 : 코케니 하라니, 브라질, 콜롬비아……. 대부분의 고객 입장에서는 거의 차이가 없어요. 많이 마셔보지 않고서야 차이를 느끼기 어렵죠. 또 많이 마셔도 커피를 잘 모르시는 분들이 많아요. 커피를 잘 아시는 것 같은데 레스토랑 하시면서 커피도 하셨어요?

라사장님 : 아니오. 레스토랑이라고 했지만 피자 가게예요. 허세를 부려야 할 때는 이탈리아 레스토랑이라 하고, 아는 사람들에게는 피자 가게라 하지요. 파스타, 샐러드, 피자, 와인이 있었으니까 레스토랑이라 해도 괜찮지 않나요? (웃음)

필자 : 그러네요. 프랜차이즈셨어요?

라사장님 : 아니요. 프랜차이즈는 아니었고요. 잘 아는 선배가 셰프였고 제가 주인 역할을 했어요.

필자 : 어디서 하셨어요?

라사장님 : 논현동이요. 안세병원 사거리 쪽에 가게가 있었어요.

필자 : 와, 정말 비싼 곳에 계셨네요.

라사장님 : 신사동 가로수길이 가장 비싸고 밖으로 밀리고 밀려 그 동네까지 갔어요. 카페들도 그쪽으로 많이 밀려나더라고요. 그 동네는 정말 너무 비싸요. 뒷골목이었는데도 13평 공간의 월세가 180만원이었어요.

필자 : 주방까지 해서 13평이요? 음식점이니까 주방이 6평은 될 것 같은데, 매장이 6평이면 테이블 3개밖에 안들어가겠는데요?

라사장님 : 2인 테이블만 6개 놨어요. 꽉꽉 채웠죠. 주방 6평도 큰 게 아니에요.

필자 : 권리금도 있었나요?

라사장님 : 처음 들어갈 때 바닥 권리금 1,000만원을 얘기하더라고요. 그 전에 피자에땅 자리였는데 배달 위주로 장사하던 곳이라 영업 권리는 없었어요. 바닥 권리금 주고 매장 공사 해서 들어갔죠.

필자 : 주방이랑 매장 차리시는 데 최소한 3,000만원은 들었을 것 같은데요?

라사장님 : 2,500만원 들었어요. 초도 물품이 500만원 정도였구

요. 그릇이나 찻잔도 꽤 비싸더라고요. 집에 있던 것들을 총동원했는데도 처음 준비하는 데 꽤 돈이 들더라고요.

필자 : 그러면 권리금 1,000만원, 보증금 1,000만원, 인테리어 2,500만원, 준비 비용 1,000만원까지 총 5,500만원을 투자하신 거네요? 저희도 여기 확장 공사를 목수 두 분 불러서 직접 했는데 7평 진행에 1,500만원이 들어가더라고요. 여기 확장 공사를 직접 하면서 인테리어 업체들이 왜 망하는지 알겠더라니까요. 카페들, 음식점들이 이렇게 많이 망하고 또 만들어지는데 인테리어 업체들은 왜 힘들다고 할까 궁금했거든요. 실제 해보니까 돈이 별로 안 남겠어요.

라사장님 : 맞아요. 인테리어 공사비를 2,500만원 안에서 해결하느라 정말 힘들었어요. 사실 저희 셰프가 경험이 많아서 그렇지 처음 장사한 사람이면 더 들어갔을 거예요.

필자 : 그런데 그만두신 거예요?

라사장님 : 망했다고 하는 게 맞을 거예요. 사람들한테는 그만뒀다고 얘기하는데 사실은 망한 거죠. 저희도 1,2년은 장사가 좀 됐어요. 그런데 매출이 늘어나니까 사람은 필요한데 사람을 고용할 만큼 매출이 크게 늘지는 않았거든요. 그래도 어느 시점에는 고용해야겠더라구요. 그런데 매출은 정체되는 거죠. 3명이서 정말 화장실 갈 시간도 없이 계속 일을 했어요. 그러니까 장사가 안된 건 아니에요. 그런데 그 매출을 계속 유지하기가 어렵더라

고요. 아무리 많이 팔아도 공간의 한계가 있었죠.

(본격적으로 망한 이유를 이야기하면서 라사장님의 웃음 뒤로 한숨이 잦아졌다.)

필자 : 맞아요. 공간을 기반으로 하는 자영업은 공간의 크기가 곧 매출의 한계죠. 그런데 임대료는 한계점을 이미 넘어서고 있고요. 점심, 저녁 꽉꽉 채워봐야 나올 수 있는 매출이 뻔한 거죠.

라사장님 : 맞아요. 그래서 저희가 피자 배달도 했어요. 근처에 회사가 많으니까 피자, 파스타 모두 배달했는데 해보니까 배달을 더 늘리려면 또 고용을 해야 하고 홍보비용도 나가게 되더라고요. 매출은 일정치가 않은데 고정비용은 늘어나니까 결국 매장을 운영하는 것과 크게 다를 바가 없었어요. 게다가 주방에 한계가 오더라고요. 매장 매출, 배달 매출이 늘어나는 것도 주방이 받쳐줘야 할 수 있는 건데 셰프 선배가 완전히 지쳐버렸어요. 결국 힘들어서 그만두셨어요. 셰프가 바뀌니 맛도 바뀌고 매출이 하락세로 돌아서는데 이건 어쩔 수가 없더라고요. 그 작은 주방에, 작은 홀에 쉴 장소도 마땅치 않고 지치는 게 당연하죠. 매장을 조금 더 크게 가져가면 좋겠지만 그게 어디 쉽나요. 옮기려면 돈이 억 단위로 들어갈 텐데.

필자 : 매출이 잘 나와도 문제군요.

라사장님 : 직원을 늘리고 남편이 와서 돕는데도 한계에 부딪히니까 셰프가 못견뎌했어요. 쉴 공간도 없는데, 그 작은 주방에 3명

이 일했으니 스트레스를 많이 받은 거죠. 저야 운영자 입장이니까 조금 고생하면 보상이 있잖아요. 월급 받는 셰프 입장에서는 월급 올려준다고 버틸 수 있는 상황이 아니었던 것 같아요. 이건 손님이 안 와도 문제고 많이 와도 문제예요.

필자 : 아니, 손님이 많아도 망하는군요. 이건 처음 듣는 얘긴데요. 참 희안하네.

(이해할 수 없는 계산법에 나도 모르게 웃음이 나왔지만, 웃어넘기기에는 심각한 현실이었다.)

라사장님 : 그러게 말이에요. 너무 많이 와도 망하더라고요. 손님을 수용할 수 있는 한계는 분명하고 음식이나 서비스의 질을 유지하기 위해서는 지속적으로 비용이 들거든요.

(너무 많이 와서 망했다는 얘기는 매출이 많아지는 게 정말 문제라는 뜻이 아니라 매출의 증감이 일정치 않고 변동이 심하면 그에 대응하기가 어렵다는 말이다. 자영업자만 겪는 문제가 아니라 비즈니스의 속성이다. 게다가 매출하락이 추세적으로 발생하면 다시 반등시키기는 애초의 노력보다 배는 더 든다. 기업도 이런 문제로 고민하고 해결책을 찾는 데 어려움을 겪는데 한 개인이 모든 문제를 해결해야 하는 자영업은 얼마나 더 어려울까?)

라사장님 : 저희는 100% 유기농 재료를 썼어요. 그러니까 엄마들에게 인기가 좋았죠. 장사가 안된 게 아니라니까요. 게다가 우리 셰프가 비용 면에서 얼마나 꼼꼼한지 식자재를 사와도 거의

남지 않게 계획적으로 하셨어요. 유기농 재료를 썼는데도 불구하고 재료비가 35% 정도였으니까. 처음 6개월 동안은 적자를 봤지만 그 이후로는 매출이 1,000만원이 넘고 최고 1,700만원까지 찍었어요. 정말 정신이 하나도 없었어요. 5월이었는데 너무 바쁠 때는 남편도 휴가 내고 셰프 가족까지 동원해 5명이 아침 10시부터 밤 11시까지 화장실 갈 시간도 없이 움직였어요. 그러면 순이익이 500만~600만원 정도 되더라구요.

필자 : 아니 그럼 왜 그만두셨어요.

라사장님 : 그렇게 장사가 되다가 매출이 다시 1,200만원대로 내려오더니 1,000만원대까지 내려오더라고요. 아마도 소위 오픈발이 명을 다한 거죠. 저희가 광고한 곳이 김어준의 뉴욕타임즈였거든요. 꽤 홍보가 잘됐어요. 손님도 많이 오셨죠. 그런데 매출이 평균 1,000만원 정도 되니까 하면 안되겠다는 생각이 들더라고요. 과감하게 접었어요.

필자 : 어, 그 신사동에 있는 라피자요?

라사장님 : 네 맞아요. 그 집이에요.

필자 : 꼭 한번 가봐야지 생각했었는데 그 집 사장님이시구나. 근데 라피자가 망했다고요?

라사장님 : 그렇다니까요. 꼭 그렇게 말씀하시더라고요. 한번 가보려 했다고. 그럼 진짜 오든가. 그럼 안 망했을 거 아냐.

(혼잣말도 아니고 나에게 하는 말도 아닌 아쉬움 반 원망 반이 섞인 말투

였다.)

필자 : 근데 정확히 말하면 망한 게 아니라 그만두신 거네요.

라사장님 : 아니죠. 초기비용 때문에 받았던 대출을 지금 그대로 안고 있으니까 망한 거죠. 지금은 노하우도 생기고 어떻게 해야 할지 알 것 같지만 이미 한 번 실패를 했고 대출까지 안고 있는 상황에서 뭔가를 다시 시작한다는 건 거의 불가능해요.

필자 : 매출이 1,000만원 나올 때 접으신 건데 만약 계속 문을 열었다면 어땠을까요? 매출이 더 떨어졌을까요?

라사장님 : 네, 거의 확신해요. 800만원대까지 떨어졌을 거예요. 그럼 월급도 못 주는 상황이 오는 거죠. 단순히 저희만의 문제가 아니라 어떤 사업도 마찬가지잖아요? 매출을 유지하는 것 자체가 비용이고 돌파구를 찾아내지 못하면 힘들어지는 건데 저희 경우는 셰프가 바뀌면서 돌파구를 찾지 못한 거죠. 그리고 신사동이라고 하는 지역은 조금만 흔들려도 버티지 못하는 곳이에요. 생각해보세요. 매장 규모가 6평인데 계속해서 손님이 들어오지 않으면 임대료 180만원을 낼 수가 없어요. 그 조그마한 매장 임대료가 월 180만원이라는 게 믿기지 않지만 어쩌겠어요? 저희만 그런 게 아니라 서울이 그런 걸.

요즘은 자영업을 예전의 구멍가게처럼 생각해서는 안된다. 초기 비용 5,000만원에 월 임대료 200만원을 들이면서 음식 잘하고 친절하면 손님이 찾아올 것이라는 나태한 생각으로는 단 몇 개월도 버티기 힘들다. 문제는 초기에 자리잡는 시간이 필요한데 높은 임대료와 초기 투자비용은 그 시간마저 허용하지 않고 실패를 용납하지 않는 구조를 가져왔다. 라피자의 경우 매장 크기가 작았기 때문에 초기 비용이 5,000만원을 조금 넘어가는 수준이었지만 보통 20평 넘는 매장을 차리게 되면 억 단위의 돈이 들어간다. 개인에게는 정말로 큰 금액이다. 실패했을 경우에는 재기가 불가능하다. 라피자같이 초기에 장사가 잘되었는데 시간이 지나면서 점차 매출이 줄어들고 결국 매장을 닫아야 하는 상황은 매우 일반적이다.

문제를 파악하고 돌파하기 위해 여러 가지 시도를 하지만 시간이 걸린다. 그러나 매월 같은 날짜에 꼬박꼬박 내야 하는 임대료는 단 하루도 기다려주지 않는다. 기업이라면 위기가 찾아왔을 때 증자를 하기도 하고 채권을 발행하기도 하겠지만 개인에게 찾아온 위기는 대안이 없다. 뭔가 장기적인 계획을 세워 일을 진행하고 싶지만 당장 밀려오는 임대료와 월급날짜를 맞추다보면 하루하루 넘어가는 데 모든 에너지를 쏟게 된다. 그러다가 결국 매출하락을 견디지 못하고 망하는 경우가 허다하다.

라피자의 경우 객당 단가를 8,000원으로 본다면 원가 비율이 30% 정도니까 350명까지는 임대료를 지불하는 데 나간다. 매일 고객 15명분 매출은 임대료로 지출되는 꼴이다. 2인 테이블이 6개라고 했으니 매장을 한 번 꽉 채우고도 모자란다. 또 다른 고정비용인 인건비는 매장을 매일 두 번씩 채워야 한다. 게다가 기타 제반비용을 생각하면 하루 네 번 회전까지는 각종 고정비용을 채우는 격이다. 그 다음부터 라사장님 몫이다. 회전이 몇 번이나 일어날까? 눈 코 뜰 새 없이 바빠도 힘든 이유가 거기 있다.

배달도 마찬가지다. 배달 직원의 월급을 주고, 주방 인력을 생각하면 매일 15판 이상 배달이 나가야 수지가 맞는다. 전문배달 매장도 아니고, 개인 브랜드가 매일 꼬박꼬박 15개 이상 주문받기는 쉽지 않다. 설령 그런 수요가 있다 하더라도 매장을 운영하면서 그 작은 주방으로 적절한 시간 안에 배달한다는 것은 거의 불가능하다. 이 모든 것들이 세심하게 기획되고 관리되어야 한다. 프로세스 혁신을 이루지 않으면 작은 매장에서 월 임대료 180만원을 내면서 수익 내기는 힘들다. 그런데 처음 개업했을 때는 계산이 잘 안된다. 고객이 와서 때로는 많이 기다리기도 하고 배달을 완료하는 데 한 시간이 소요되기도 한다. 그러다 보면 매출하락은 자연스럽게 발생한다. 이제는 매장 크기, 음식 맛, 영업 방식, 주방 운영 등등 음식점으로 생존하기 위한 노하우가 어느 정도 쌓였다. 무엇보다 사업을 엮어내는 순서를 알게 되었다. 시행착오를 하지 않아도 된다는 뜻이다. 그러나 실패한 자영업자에게 두 번째 기회란 없다. 대출이 수천만원 남아 있고 이미 폐업을 한 상황에서 추가대출은 어렵다. 남은 건 부동산 담보 대출인데 그건 가족의 생존을 거는 일이다. 차라리 일용직을 찾고 말지 누가 자녀들의 미래까지 담보로 잡히면서 리스크를 택하겠는가?

게다가 라피자의 솔루션은 기존 매장보다 더 넓게 시작하는 것이다. 더 넓은 매장을 얻는다는 것은 그만큼 초기 투자비용이 늘어난다는 뜻이다. 13평을 차리기 위해서 5,000만원을 투자했으니 그보다 2배 되는 25평 정도의 매장을 만들기 위해서는 2배인 1억원보다 더 많은 금액이 들어간다. 권리금, 보증금의 단위도 더 커질 것이고 특히 주방, 가스·전기·냉방 등의 시설, 인테리어 비용은 2배보다 훨씬 더 들어갈 것이 분명하다. 초기 투자비용이 커지면 그만큼 리스크는 증대된다. 한마디로 다시 시작하기란 거의 불가능하다. 이 시대 자영업자의 삶이라는 게 그다지 희망적으로 보이지 않는다.

● 편의점 사장님의 고민

폐점할 때 1억 500만원을 내라고?

신촌 거리를 돌아다니다보면 블록마다 카페와 편의점이 보인다. 이렇게 많은데 과연 다들 장사가 될까 하는 생각이 들 정도다. 그래도 유동인구가 많아 장사가 되니까 그렇게 많은 편의점과 카페가 있겠지 하는 생각도 든다. 유동인구만큼은 홍대, 강남에 뒤지지 않는 곳이다. 그만큼 임대료도 강남 못지않다. 물론 건물에 따라 조금씩 차이가 있지만 30평 정도 매장을 차리려면 보증금 수천만원에 임대료는 월 600만~1,000만원 수준이다. 그러니 여기서 살아남으려면 도대체 매출을 얼마나 올려야 하는 걸까? 임대료, 인건비를 제하고도 순수익을 올리는 매장이 있을까 의심스럽다. 그래도 돈을 벌고 있으니 자리를 지키고 있겠지 하면서도 참 궁금하다. 어떻게들 살고 계시는지.

한참 내려가는데 ○○마트라는 슈퍼마켓이 눈에 띄었다. 슈퍼마켓이 신촌 거리 한가운데에 있는 것이 반갑기도 하고 궁금하기도 해서 일단 들어가봤다. 초코바 하나와 물 한 병을 들고 카운터에 섰다. 연세가 지긋한 부부가 운영하는 듯했다. 사장님께 "어떻게 이런 곳에서 슈퍼마켓을 하고 계세요? 정말 대단하시네요"라고 말했더니 허허 웃으며 "처음에는 편의점으로 시작했지. 그런데 그게 할 게 못되더라고. 말도 마, 그거 벗어나는 데 죽는 줄 알았어"라고 말하며 고개를 절래절래 흔들었다. 역시 질문을 잘하면 훌륭한 답을 얻는다. 평범한 스토리가 아님을 단번에 알 수 있었다. 마침 비가 내리기 시작하면서 손님이 줄어들었다. 카운터에 서서 사장님과 이런저런 이야기를 나눴다. 말씀을 이어가시는 내공이 상당함을 알 수 있었다. "사장님, 제가 한 번 더 찾아뵙고 좀더 깊은 이야기를 듣고 싶습니다"라고 말씀드렸더니 "언제든지 찾아와" 하신다.

비가 오는 날 밤 또다시 그 슈퍼마켓을 찾아갔다. 커피라도 한잔 대접하면서 이야기를 들어야 하는데 가게 뒤편의 작은 사무실로 들어오라 하신다. 2평 남짓한 작은 공간에 수십 년의 개인사가 쭉 나열되어 있었다. 자영업의 문제에 대해서 상당히 오랜 기간 고민했던 흔적을 여기저기서 찾아볼 수 있었는데 대형 프랜차이즈들의 계약서를 분석하고 자영업자를 구속하는 독소

조항에는 어떤 것이 있는지 분석한 것부터 자영업자의 애로사항을 공정거래위원회, 재경부 등에 건의한 내용까지 하고 싶은 얘기가 정말 많은 분이라는 걸 느낄 수 있었다. 구체적인 질문도 필요없었다. 사장님은 평소에 고민하던 내용을 거침없이 나열했다.

"저번에 얘기했는지 모르겠는데 내가 원래 수제구두 유통 사업을 했어. 강남, 명동, 신촌에 직영을 하고 지방 대리점도 몇 군데 있었어. 그런데 IMF 이후에 국내 수제화 산업이 무너지게 돼. 중국에서 5,000원짜리 구두가 들어와서 2만원, 3만원에 깔리는데 성수동 등지 구두 하청업체들은 원가 3만 5,000~5만원에 내놨거든. 그 가격에 납품받아서 가공하고 판매하면 절대로 중국산과 가격을 맞출 수가 없잖아. 다 망하는 거지. 에스콰이어나 금강같이 대기업에 납품하는 업체 빼고는 거의 다 죽었다고 봐야지. 일부는 중국으로 넘어갔는데 내가 알기로 성공한 경우는 없는 것 같아. 엘칸토는 조금 달랐지. 그 회사 대표가 일찍이 남북교류 전에 북한에 들어갔어. 공장을 북한으로 이주시켰는데 당시 북한에서 땅을 제공했다는 소문이 있었지. 내가 알기로 지금도 엘칸토는 전량을 북한에서 들여와. 몰라. 최근에 변경됐는지도 모르지. 내가 구두 사업을 접은 지 10년이 넘었으니까.

결국 명동, 강남 다 정리하고 여기 매장만 남겨놨어. 여기는 그 전부터 해오던 사업장이야. 근 30년을 이 자리에 있었으니까.

당시만 해도 신촌이 다른 곳에 비해 임대료가 저렴했거든. 나도 젊고 애들 학교도 보내야 하니까 일을 해야 할 거 아니야? 신촌 매장에서 직원 두어 명과 구두 매장을 운영하고 있는데 10시쯤 매장 문을 열면 ○○○편의점 직원이 찾아와. 여기서 매장을 열자고 그러더라고. 편의점 컨설턴트라고 하는데 말하자면 대리점을 모집하는 영업사원인 셈이지. 6개월 동안 나를 설득하더라고. 그게 2003년이야. 매출에서 원가를 뺀 순이익이 1,000만원은 나와야 임대료를 내고 직원들 월급도 줄 수 있는데 그 정도 수익이 보장되느냐고 그 직원에게 물었더니 충분히 나온다는 거야. 게다가 수익금 500만원은 보장을 한대. 말하자면 매출이 700만원이고 원가가 400만원이라면 본사에서 200만원을 줘서 수익 500만원을 맞춰준다는 거야. 그 돈으로 임대료와 임금을 주고 남은 돈은 가지라는 거지. 사실 그 부분에서 다 설득당하게 돼. 그럼 본사는 뭘 가져가냐. 전체 수익의 35%를 본사가 가져가고 나는 65%를 가져간다고 해. 본사 지분이 꽤 많은 거지. 그래도 어쨌든 500만원은 보장해주는 데다 인테리어도 다 해준다고 하니 괜찮은 것 같더라고. 결국 구두 사업을 완전히 정리하고 ○○○이라는 편의점을 열게 됐어.

하지만 본사에서 해준다는 인테리어가 결국 그들에게 귀속되는 고리가 되고 말지. 어쨌든 계약서에 도장을 찍고 시작했지만 사실 나는 유통업에 대해 몰랐어. 처음인 데다 나이도 어리지 않으니까 새로 뭘 배워서 한다는 게 쉽지 않더라고. 시작할 때 교육을 받으라는데 나하고 그 전부터 함께 일해오던 점장을 보냈어. 그러니까 나는 시작하고 나서도 뭐가 뭔지 잘 몰랐던 거지. 하다못해 포스기 만지는 것도 몰랐으니까. 사실 알고 보면 참 별 것 아니지만 모르면 못하는 것이거든. 그래서 점장 체제로 시작을 했지.

2003년 당시만 하더라도 경기가 그렇게 나쁘지 않았어. IMF가 와서 은행, 대기업, 수입업자 들은 많이 무너졌지만 그게 소매까지는 미치지 않았거든. 매출이 꽤 나왔어. 본사에서 35%를 가져가고도 1,000만원이 좀 넘게 나왔으니까. 그런데 운영을 해보니까 임대료는 원래 내던 것이니 감안하고 있었는데 인건비도 임대료만큼 나가는 거야. 왜냐면 내가 잘 모르다보니까 아르바이트를 3명이나 썼어. 24시간이니까 3교대로 아르바이트만 10명 정도 쓴 거야. 전기세, 수도세 이런 거 합쳐서 150만원 이상 나가고 각종 공과금, 세금, 시설운영 등 돈 나가는 데가 한두 군데가 아니잖아. 문제는 거기서 끝이 아니었어. 점장이 있어도 내가 매장에 있지 않으면 돈이나 물건이 없어지는 사고가 발생해. 그러다보니 아침에 출근해서 밤늦게까지 매장을 지키고 있을 수밖에 없었어. 1,000만원의 수익을 올려도 이런저런 비용으로 다 나가고 남는 게 하나도 없는 거야. 그냥 하는 말이 아니라 1,000만원 조금 넘는 수익을 거두어서는 정말 한 푼도 안 남어. 아니 내가 본사 돈 벌어주고, 아르바이트생들 월급 주려고 장사하는 건 아니잖아? 나도 먹고살아야지. 구두 장사 다 접고 내 입장에서 전 재산을 투자한 건데 고생만 죽어라 하고 버는 게 없으니까 도저히 안되겠더라구. 그래서 간판을 내려야겠다 생각했지. 사실 그런 생각이 들었을 때 당장 간판을 내렸어야 했는데 그때만 해도 참 순진했어. 5년 계약을 했으니까 남는 것이 하나 없어도 3년 정도는 장사를 해주고 3년 후에 접어야겠다라고 생각한 거야. 그래서 3년간 고생만 하고 해지를 하려고 보니까 위약금을 내라 하더라고. 위약금이 뭐냐면 그동안 발생한 이익의 일정 부분, 처음에 본사에서 부담한 시설비, 인테리어비 등등 해서 1억 500만원을 내놓으라 하더라고. 너무 황당하잖아? 3년간 죽어라 고생했는데 나한테 오히려 1억원을 물어내라니까. 그동안 35%씩 다 가져가놓고 말이야. 결국 3년간 나간 인건비 하나 못 건지고 고생만 하다가 위약금까지 물게 생긴 거지.

처음에는 공정거래위원회에 진정도 넣고 재판을 해보려고 변호사들을 찾아가기도 했는데, 그들이 하는 얘기가 재판으로 가면 나한테 불리하다는 거야. 계약서에 그 내용들이 모두 있었다는 거지. 재판은 계약서 위주로 하기 때문에 위약 관련해서 계약서에 깨알만하게 써놨대. 기가 막히더라고. 계약할 때는 주로 담당 직원의 설명을 듣고 도장을 찍잖아. 물론 중요한 사항은 읽어

봤지. 이익을 어떻게 나눈다든지, 어떤 부분을 본사가 감당한다든지 하는 사항들은 보지만 계약 완료를 하지 않았을 때 받게 되는 불이익은 잘 보이지 않게 써놓고 또 설명도 안해줘. 뒤늦게 그 사실을 알았다 한들 어떡하겠어? 계약서에 써 있다는데. 이런저런 고민을 하다가 본사에 연락해서 사정했지 뭐. 결국 이것저것 따지니까 내야 할 돈이 7,000만원 정도 되더라고. 그래서 본사에 현금으로 7,000만원을 갖다 바쳤지. 그때 내 심정이 어땠겠어? 그동안 고생해서 모은 생돈을 대기업에 바치는 기분이? 내가 간판을 내린다고 해서 대기업이 손해 보는 건 하나도 없었어. 물론 가맹점마다 계약을 지키지 않으면 대기업 입장에서도 문제가 되겠지만 어쨌든 장사를 하려면 남는 게 있어야 유지를 하는 거지 손해 보면서 계약을 지킬 수는 없는 거잖아. 돈이 하나도 안 남는데 어떻게 장사를 해?

위약금 자체가 문제라는 건 아니야. 어떤 계약이든 위약금 제도가 필요하지. 그런데 장사가 잘 안되어도 최선을 다해서 해보려고 한 거 아니야? 어떻게든 살아보려고 노력하면 할수록 기간이 늘어나니 위약금이 점점 더 커져. 내 상식으로 그건 공정한 게 아냐. 장사 안되어서 사업을 접는데 어떻게 그렇게 큰 돈을 마련해서 줘? 간판 내린다고 7,000만원을 대기업에게 갖다 바쳤는데 그 대기업이라는 작자들이 어떻게 했는지 알아? 한 달 후에 바로 옆에다가 본사 직영점을 열더라고. '너는 우리 간판 내렸으니까 여기서 죽어라' 하는 식인 거지. 그곳에 다른 매장이 있었는데 권리금 주면서 내보내고 직영점을 차린 거야. 우리 바로 위에도 편의점이 하나 있거든. 그러니까 신촌역에서 걸어올라오는 사람들은 새로 생긴 본사 직영 편의점을 만나고 이대역에서 내려오는 사람은 위에 있는 편의점을 먼저 지나가니까 우리는 완전히 샌드위치 신세가 된 거야. 나도 오기가 있는 놈이고 나이도 있는데 질 수는 없지. '망해도 같이 망하자'는 생각으로 버텼지. 본사 직영점이 2년을 버티더라고. 권리금이나 기타 비용 등을 어떻게 처리했는지 모르지만 적자가 상당했을 거야. 기업이 직영으로 들어오면 인건비도 더 나가잖아? 물론 우리도 적자였지. 2년만에 손들고 나가면서 끝까지 나에게 하는 말이 '사장님, 간판 달아주시면 당장 철수하겠습니다'였어. 아니 장사를 해봤자 인건비도 안 나오는데 어쩌라는 거야. 자존심 하나로 버티고 버티니까 결국 나가더라고.

이런 일이 비일비재해. 나한테만 그러는 게 아니라 대기업이 자기네 이익 올리려고 일반적으로 하는 수법이야. 인터넷에 들어가보면 안티 편의점 모임이 있어. 거기 보면 이런 사례들이 쭉 나열되어 있어. 진짜 악랄한 건 더 영세한 사업자들을 다루는 방식인데 편의점도 몇 개 타입이 있어. 나처럼 매장을 가지고 있고 본사에서 인테리어를 해주는 경우에는 수익금을 나누는 기준이 65대 35였지. 영세한 경우에는 그 반대로 하기도 하거든. 본사에서 매장을 차려주고 수익금은 본사 65, 사업자가 35를 가져가는데 사업자는 2,000만~3,000만원의 보증금을 걸어야 돼. 계약 기간이 보통 3년이니 어떻게 되겠어? 어떤 사람은 뭐 그런대로 잘 벌겠지. 그런데 나처럼 돈 한 푼 못 버는 사람도 있을 것 아니겠어? 24시간 열어야 하니까 혼자서는 절대로 못하거든. 임대료, 인건비, 각종 비용 다 부담하고도 본인 인건비는 나와야 하잖아? 내가 볼 때 태반은 하루에 12시간 이상씩 일하고 150만원도 못 벌어. 도저히 안되는 경우에는 간판을 내려야 하잖아. 그럼 보증금마저 떼이는 거지. 문 닫고 싶어도 보증금 때문에 울며 겨자먹기 식으로 운영한다는 사람들 이야기가 수두룩해.

그런데 진짜 그런 사람들이 왜 이렇게 편의점을 하려고 할까? 한쪽에서는 제발 문 닫게 해달라고 아우성이고, 또 다른 한쪽에서는 하고 싶다고 아우성이야. 사실 편의점 사업의 계약은 철저히 대기업 위주로 만들어져 있거든. 사업을 실제로 하는 영세업자에게는 불리한 조항들이 많아. 그런데 우리 영세업자 중에 그런 조항들을 일일이 체크하는 사람은 별로 없어. 우선 조금이라도 벌어서 먹고살아야 하니까. 생각해봐. 편의점 사업을 하는 데 무슨 기술이 필요하겠어? 실제로 운영해보면 경영적인 마인드가 필요하다는 걸 깨닫지만 편의점 사업에 뛰어드는 사람 중에 본인의 경영 능력이 뛰어나서 해보겠다는 사람들이 얼마나 있을까? 대부분 별다른 기술은 없고 이미 대기업에서 짜놓은 노하우와 시스템 덕을 보려는 사람들이야. 그리고 그 이면에는 대기업에 대한 신뢰가 깔려 있다고 볼 수 있어. 본사에서 좋은 얘기를 듣다보면 내 인건비는 나올 것 같거든. 대기업이 나에게 사기칠 일은 없다고 생각하지. 먹고는 살아야겠고 사업 자금은 2,000만~3,000만원밖에 없으면 해볼 수 있는 직종이 바로 편의점이거든. 기발한 아이디어가 있든지 상당한 인맥이나 기반이 있으면 모르겠지만 소자본으로 할 수 있는 사업은 그렇게 많지 않아. 그러니까 편의점을 하게 되더라고. 그런데 실상 뛰어들고보면 죽어라 고생만 하고 인건비도 거의 안 나오는 실정이지. 생각해봐. 기껏해야 보증금 3,000만원을 받고 본사에서 만들어주는 매장의 위치가 좋을 리 있겠어? 그러다보니 장사가 힘들 수밖에 없지. 구조적으로 안되는 상황에 놓이게 돼. 그리고 영세업자는 정확한 정보를 얻기가 힘들잖아. 나도 처음에 편의점을 시작할 때 서대문, 마포 지역들을 시장조사 차원에서 쭉 돌아다녔거든. 그런데 슈퍼마켓들이 사라지고 죄다 편의점으로 바뀌었더라고. 좀 놀랐지. 보면서 '이 사람들이 다 바꾼 걸 보면 그래도 수익이 나나보다', '우리 매장 자리는 저 사람들보다 훨씬 좋으니까 해볼 만하겠다'라는 생각이 들더라고.

게다가 당시에 한 모임에서 언변 좋은 어떤 사람을 소개받아 금세 친해졌는데 알고보니 기자 출신이더라구. 그래서 지금은 뭐하냐고 물었더니 ○○편의점을 한다고 해. 지금 와서 생각해보면 과장일 가능성이 높은데 자기는 편의점을 운영하면서 점장한테 맡기고도 먹고살 만한 돈이 나온다는 거야. 그때는 내가 편의점을 하게 될지 전혀 생각하지 못하고 있었는데 그런 이야기를 듣고 긍정적인 선입견을 갖게 되었나봐. 나뿐만이 아닐 것 같아. 많은 사람들이 나 같은 무지한 선입견을 가지고 시작해. 그래도 나는 30년 이상 한자리에 있었기 때문에 다른 매장들에 비해 임대료가 높지 않아 조금 더 버틸 수 있었지 안그랬으면 벌써 문 닫았을 거야. 임대료는 매월 고정금액이잖아. 결국 인건비를 줄여야 하니까 직원들 다 내보내고 가족끼리 하는 거야. 심야에는 인건비도 안 나와. 24시간 돌리려면 1명을 고용해야 하는데 한 달 내내 그 1명의 인건비인 120만원 수익이 안 나. 손해보면서 할 수는 없으니까 언제인가부터는 그냥 문을 닫았어. 만약 편의점 간판을 달고 있었으면 손해 보면서도 열어놨어야 해. 그게 공정한 거냐고."

자영업자의 능력과 상관없는 실패

30년 동안 신촌의 한자리를 지키고 있었던 사장님은 임대료에 대해서도 할 말이 많은 것 같았다.

"임대료 이야기가 나와서 말인데 지난 10년간 임대료가 너무 많이 올랐어. 이상하게 말이야, 영세업자, 서민들을 위한다는 정부가 들어섰는데 임대료는 거의 2배 정도 오른 것 같아. 임대료만 오르는 게 아니야. 전기, 수도, 물가, 인건비 등 하나같이 오르지 않은 게 없어. 딱 하나 내려가는 게 있는데 뭐냐면 매출. 정말이야. 매출은 매년 꺾여. 작년보다 지금이 더 안 좋아. 물론 내가 잘못해서 매출이 떨어지는 측면도 있겠지. 나이가 들어가면서 힘도 들고 의욕도 조금씩 줄어드는 부분이 있어. 그런데 경기가 안 좋은 걸 어떻게 아냐면, 올해 가게를 보러 오는 부동산 업자가 거의 없어. 그렇게 안 좋다던 금융위기 때도 한 달에 한두 명은 꼭 왔거든. 그 전에는 시도 때도 없이 가게 넘기라고 왔는데 요즘엔 정말 안 오더라고. 사실 자영업자는 자신의 능력과 상관없이 망하는 경우가 많아. 말하자면 구조적인 문제 때문에 말이지. 경기 탓도 그 중 하나고. 그런데 정말 심각한 문제는 정부의 무대책이야. 기본적으로 자영업자가 너무 많아. 이곳에도 반경 500m에 편의점이 10개가 넘어. 이 동네 유동인구가 많기는 하지만 지금보다 얼마나 더 늘어나겠어? 그런데 10개 점포가 나눠 가지려니 당연히 그 중 몇 개는 문을 닫을 수밖에 없지. 그런데도 계속해서 생겨나. 이렇게 자영업자가 많이 늘어나는데 정부는 대책이 없어."

여기서 경제적인 문제 하나 짚고 넘어가자. 편의점 사장님의 지적은 경제학적으로 보면 타당하지 못하다. 경제학의 기본 전제는 시장의 '보이지 않는 손'에 의해 수요와 공급이 결정된다는 것이다. 사장님의 주장을 경제학적 용어로 말하자면 수요는 별로 없는데 공급이 지속적으로 너무 많다는 것이다. 한시적으로 수요(유동인구)가 줄어들거나 공급(편의점 수)이 너무 많아져서 몇 개 점포가 문을 닫을 수는 있지만 구조적이고 지속적으로 유동인구에 비해 편의점이 더 많이 들어선다는 것은 시장의 매커니즘이 작동하지 않는다는 말이다. 자영업자의 입장에서 말하자면 망할 가능성이 매우 높은데도 창업하는 사람이 많다는 것인데 왜 그럴까? 필자는 두 가지 이유 때문이라고 생각한다.

하나는 시장에 대한 정보가 턱없이 부족하기 때문이다. 개인 입장에서 이런 정보를 얻기가 쉽지 않다. 리서치를 수행하는 데 상당한 자금과 시간이 들어간다. 그렇다고 부동산 업자가 이런 정보를 제공할 리 만무하다. 결국 지방정부가 이런 정보를 만들어서 제공해야 하는데 아직까지는 그런 정보를 제공하는 지방정부를 보지 못했다. 두번째는 편의점 산업의 구조다. 편의점의 본사인 대기업 입장에서 보면 점포 수가 많을수록 좋다. 사실상 일개 가맹 점포가 장사를 잘 못해도 본사의 수입구조에 크게 영향을 미치지 못한다. 즉, 본사와 가맹점과의 이해관계가 일치하지 않는다. 본사는 지역 시장의 상황과 상관없이 가맹점을 많이 확보하려 한다. 이런 이유들 때문에 지속적이고 구조적으로 공급이 수요보다 많지 않을까 추측해본다.

사장님은 계속 이어서 말했다.

“상황이 이런데도 정부는 창업이라는 이름으로 자영업을 권하고 있어. 최근 신문을 보니까 플로리스트 있지? 꽃집 하는 거. 그것도 자격증이 있나봐. 그런데 국가에서 취득시험이나 수업료를 지원하더라고. 그 사람들이 다 자영업으로 나오는 거잖아. 꽃 산업이 어떤지는 나도 잘 모르지만 어쨌든 이런 식으로 자영업을 계속해서 양산해내니까 문제가 될 수밖에 없지. 내가 국가 정책을 판단할 지식수준은 아니지만 상식적으로 생각해보면 생산에 사람이 투입되어야 국가 경제에 좋은 것 아니겠어? 그런데 자영업은 대부분이 소매유통이나 서비스업이거든. 자영업이 많다는 것은 그만큼 소매유통과 서비스업의 비중이 크다는 말이지. 창업을 유도하더라도 생산 쪽으로 해야 일자리도 만들어질 텐데 이미 포화 상태가 되어버린 자영업 쪽으로 유도한단 말이야. 그래서는 안된다고 봐. 일단 과도한 경쟁 상태가 계속 유지되니까 자영업자가 힘들 수밖에 없지.

내 경우에 또 어떤 어려움이 있냐 하면 편의점 문을 닫고 나서 내 나름대로 계획이 있었거든. 이제 경험도 어느 정도 했고 어떻게 하면 되는지 알겠더라고. 그런데 갑자기 여기 중앙차선이 생기는 거야. 요 앞에 건널목도 없어지더라구. 중앙차선 생기기 전이랑 후의 매출 차이가 거의 50%야. 우리뿐만 아니라 중앙차선이 만들어진 길가에 있는 점포들은 대부분 비슷한 상황일 거야. 그런데 중앙차선 생기고 건널목 없어진 게 내 잘못은 아니잖아? 그러니까 내 능력과 상관없이 사업의 성패가 갈리는 거야. 이 모든 문제들을 개인들에게만 책임 지우는 게 맞는 거냐고. 그러니까 자영업자가 망하는 방법은 여러 가지야. 단순히 개인의 능력이 얼마나 뛰어나느냐와는 상관없는 부분이 많아."

국가의 정책이 편의점 사장에게 미치는 영향

사장님은 자영업의 성패가 개인의 능력과 상관없다는 현실에 대해 좀더 구체적으로 말해주었다.

"기억할지 모르겠는데 지난번에 기획재정부에서 영세업체의 경우 1만원 이하의 결제는 신용카드를 받지 않아도 된다는 정책을 발표했잖아? 편의점을 하다보면 우유 사러 와서 카드를 내놓기도 하고 담배도 카드로 결제하려고 해. 담배는 정말 몇 푼 안 남거든. 마진이 10%인데 거기에서 또 1%는 조합비야. 그러니까 우리한테 남는 건 9%란 말이야. 그런데 신용카드를 내봐. 3%는 카드 회사로 가는 거야. 담배 한 갑에 2,500원이면 225원 수익인데 신용카드 수수료가 75원이니까 150원 남는 거지. 하루에 담배 100갑을 팔아도 순수익은 1만 5,000원이야. 이거 진짜 몇 푼 안 남으니까 현금으로 달라고 하면 기분 나빠하는 사람도 있지. 3%가 적은 것처럼 보여도 상당하거든. 1,000만원의 순이익이 발생해도 살아남기 힘든 상황인데 그 정도 하려면 매출은 3,000만~4,000만원은 되어야 하니까. 그럼 신용카드 수수료만 100만원이 넘게 나가는 거야. 완전 미치는 거지. 이런 상황인데도 기획재정부의 발표는 카드사, 카드사와 가맹점을 연결하는 밴더들의 로비와 소비자들의 항의로 그냥 없던 일이 되어버렸어. 소비자들이야 조금 불편한 것일 테지만 밴더들이나 신용카드 회사들은 길길이 뛰었지. 특히 밴더들은 금액에 따라서 돈을 받는 게 아니라 결제 건수에 따라서 수수료를 받으니 소액결제를 못하게 하면 타격이 크기 때문에 더 앞장서서 반대했어. 카드사도 소액 결제를 못하게 하면 어쨌든 수익이 조금이라도 줄어들 테니까. 이런 사람들의 로비에 걸려 정부는 결국 꼬리 내려버렸지. 이것도 사실 정부가 너무 안이하게 추진한 게 아닌가 싶어. 영세업자들을 정말로 도와주고 싶었다면 그냥 단순히 금액으로 정할 게 아니라 영세업의 기준, 영업 형태, 애로사항 등을 종합적으로 취합하고 검토해서 거부감이 최소화되는 기준을 정했어야지 무조건 1만원 이하라고 해버리니까 시작도 못해보고 그냥 없던 일로 되어버렸잖아? 사실 영세업자들 입장에서 이 신용카드 수수료 문제는 정말 심각한데, 특히 이윤이 적고 박리다매를 하는 업종일수록 신용카드 수수료는 치명적이거든. 그런데 이 문제는 꺼내보지도 못하게 되어버렸어. 그리고 우리 같은 편의점은 수수료가 꽤 비싸. 3%가 넘잖아. 건수는 많은데 건당 금액이 적으니까 자기들이 관리하기 힘들다는 건데, 아니 우리 입장에서는 모순이잖아? 수수료는 비싸게 책정해놓고 카드는 무조건 받아야 되면 편의점 하는 게 죄야? 선택권을 주든지 아니면 수수료율을 똑같이 맞춰주든지 해야지.

그리고 정부가 도움 안되는 일을 꾸려서 영세업자들을 힘들게 한 경우가 또 있어. 이것도 바로 얼마 전 일이야. 정부에서 가격 표시제도를 없애버렸거든. 생산자가 포장지에다가 가격을 안 써놓는 거지. 그렇다면 큰 마트 같은 곳에서는 전담 사원이 판매가를 붙이면 되겠지만 우리 같은 구멍가게들은 주인이 다 해야 하는 거야. 여기 물건들 봐봐. 죄다 일일이 가격 표시를 붙여야 되고 또 포스기에다가 가격을 입력해야 하거든. 본사 직영점이야 본사가 직접 관리해주겠지만 개인들은 하나하나 가격을 입력해야 계산이 되잖아. 그 업무가 장난이 아니야. 가격이 바뀔 때마다 해야 하니 도저히 불가능해. 생산자가 포장지에 가격을 붙여서 나오면 그 가격대로 받으면 되는 건데, 가격 표시가 없으니까 할 일이 너무 많아지는 거야. 정부 강제 규정이 가격 표시를 하라는 거야. 그러니까 그 업무를 한 사람이 맡아서 해야 하니 한 명을 또 고용하지 않으면 도저히 할 수가 없어. 나도 이 사항에 대해서는 진정을 넣었어.

진짜 웃긴 건 뭐냐면 가격 표시를 없애니까 생산하는 회사들이 마음대로 가격을 올려버리는 거야. 그 전에는 그나마 가격이 찍혀 있으니까 눈치 보면서 올렸거든. 그런데 가격 표시제가 없어지니까 멋대로 올려버리는데 가장 심한 경우가 아이스크림이었어. 딱 2배로 올려버렸어. 뭐 20원, 50원 이렇게 올리는 게 아니라 거의 2배 가격이야. 정부가 일부러 기업들 좋으라고 그리 했는지도 모르지. 이런 이야기들을 모두 진정서에 썼어. 금방 연락이 와서 답을 주겠다고 했는데 감감 무소식이다가 근 1년 만에 정부에서 다시 고치더라고. 나만 민원을 넣은 건 아니겠지. 많은 사람들이 했을 거야. 너무 불편하니까. 그래서 다시 표시를 했는데 지금은 권장이야. 강제 조항이 아니라고. 그니까 처음에는 생산 회사들이 하는 척하더니 또 안 해버려.

이런 제도들을 고안하고 실행할 때에는 이해관계가 걸려 있는 여러 집단들의 의견을 조사하고 문제점을 파악해야 하는데 그러지 않고 발표 먼저 해버리고, 하다가 안되면 다시 고쳐서 발표하는 게 지금의 정부야. 힘없는 영세업자들의 얘기는 듣지도 않아. 요즘 자영업자 문제가 심각하다고 하면서도 실제로 정책에 반영하려는 노력은 거의 없는 것 같아. 자영업을 정말로 살리려면 소위 프랜차이즈의 횡포를 막아낼 법적 근거를 마련하고, 임대료, 권리금 이런 제도들을 정비해야지. 어떤 새로운 제도를 도입할 때도 영세업자들, 자영업자들의 현실을 직접 보고, 듣고, 고민한 다음에 해야지 지금처럼 책상에 앉아서 하는 것들은 안 했으면 좋겠어."

사장님을 처음 만났을 때 눈빛이나 서 있는 자세에서 아직도 사업에 대한 열정이 살아 있음을 느낄 수 있었다. 그런 느낌은 대화를 하면서 더 강하게 들었다. 정부에 이런저런 건의를 직접 하고 평소에 고민도 많으니 문제를 해결하는 데 직접 나서는 것은 어떤지 물어봤다. 최근 주목받는 협동조합 이야기도 나눴다. 그런데 나이가 들수록 새로운 도전이 쉽지 않다고 한다.

"요즘 정부에서 지원하는 사업으로 나들가게라는 게 있어. 말하자면 슈퍼마켓협동조합이지. 그런데 내 생각에 이 사업의 핵심은 물류야. 물류를 제대로 잡지 못하면 협동조합이 성공하기 힘들 거야. 이런 제도가 좀 일찍 있었으면 나도 나서서 했을 텐데 지금은 세월이 너무 많이 가버렸네. 열정은 아직도 있지. 몸은 나이가 들었지만 생각은 아직 죽지 않았거든. 그런데 일단 체력이 약하고 우리 집사람이 자꾸 옆에서 말려. 우리 집사람은 그런 일 벌리는 것을 별로 안 좋아해. 하지 말라고 하는 게 우리 집사람 일이지. 젊었을 때는 그렇게 얘기해도 말 안 들었는데 나이가 드니까 집사람 이야기를 듣게 돼. 허허허."

대화를 마치면서 자영업자의 삶에 대해서 생각해봤다. 우리는 자영업의 위기를 말하면서 자영업자라는 단어를 너무 기계적으로 사용했던 것이 아닌가 하는 생각이 들었다. 자영업자는 사람이다. 기업과 자영업은 성격이 비슷하면서도 많이 다르다. 둘 다 영리를 추구하는 법적 인격이라는 점에서 비슷하다. 그러나 기업은 인격체가 아니지만 자영업자는 인격체다. 기업은 여러 사람의 이해관계가 얽혀 있는 '구조'이지만 자영업자는 사람이다. 자영업자를 기업처럼 대해서는 안된다. 자영업의 위기는 사람의 위기다. 물론 시장이라는 다소 기계적인 메커니즘을 통해 접근해야 할 필요도 있겠지만 기본적으로 자영업 대책은 '복지' 관점으로 접근해야 한다.

정부는 어떤 규제를 하거나 사업을 추진할 때 이해 당사자들의 의견을 모아 듣고 새로운 규제나 사업이 각 이해관계 집단에 미칠 영향들을 잘 따져봐야 한다. 가령 영세 자영업자들을 위해 신용카드 소액결제를 줄여볼 생각이었다면 먼저 영세업자가 누구인지, 영세 자영업의 매출 형태는 어떤지 세밀히 검토하고, 일반 소비자들에게도 영세업자들을 돕기 위해 어느 정도 금액은 카드 사용을 자제하자는 사회적 공감대를 형성하는 등의 정책이 추진되어야 하는데 도대체 '1만원'이라는 기준은 어디서 나온 것이며 사회적 공감대 형성을 위한 사전 작업은 대체 언제 한 것인지 알 수 없다. 오히려 반감 여론만 일으켜서 앞으로는 이야기도 꺼내보지 못하게 만들었다. 좀 제대로 했으면 좋겠다.

● 망해봐야 아는 이야기

빚 좋은 카페?
빚 많은 카페!

사실 필자는 자영업자의 범주에 들어간다고 하기에는 조금 특이한 경우다. 소셜 카페 사장이라는 이름을 얻게 된 지 2년 반 정도 지났다. 사실 이 카페 사업은 필자가 가장 잘할 수 있는 분야가 아니다. 필자는 소위 잘나가는 직장인이었다. 국내에서 제일 큰 회계법인의 경영 컨설턴트로 3년간 근무했고 그 후 3년간은 파생상품 트레이더로 억대 연봉을 받았다. 돈을 기준으로 한다면 남부러울 게 별로 없었다. 그런데 사람이 살면서 누구와 친하게 지내느냐가 참 중요하다. 필자 주변에는 참 특이한 선배님들이 많다. 사회 문제에 과도한 관심을 가지고 삶의 상당 부분을 정의, 공의, 평등 등의 '가치'들에 쏟아붓는 분들이 주변에 꽤 있다. 그 선배님들이 어느 날 카페를 열겠다고 했다. 선배님들이라고 했지만 대학시절부터 그분들의 글을 읽으며 성장했던 나에게 사실 스승 같은 분들이라 두 말 없이 참여하게 됐다.

처음에는 단순한 투자자였다. 그런데 나이가 가장 어리다는 이유로 '총무'를 맡게 되었고 급기야 이런저런 이유로 사장 자리까지 맡게 되었다. 원래 나는 커피를 전혀 좋아하지 않았다. 커피전문점은 '된장남' '된장녀'의 전유물이라고까지 생각했었다. 그런 내가 갑자기 카페 사장이 된 것이다. 지금 생각해보면 교만했던 것 같다. 잘나가는 경영 컨설턴트에 돈 잘 버는 금융인이라는 타이틀이 내 눈을 멀게 만들었다. 카페를 운영하려면 월 매출 900만원은 올려야 하는데 그 정도는 쉬울 것이라고 생각했고, 결과적으로 쫄딱 망했다.

완전히 망하고 나서야 어디서부터 잘못되었는지 비로소 보이기 시작했다. 무엇을 했어야 했는지, 애초에 무엇이 잘못되었는지 분석하기 시작했다. 어떤 이유에서인지 카페를 처음 맡았을 때는 경영 컨설턴트로 갈고 닦은 경영의 기술들을 전혀 접목하지 못했다. 망하고 나서야 컨설턴트의 기질이 발동했다. 내 개인적인 문제만 파고든 건 아니다. 자영업 생태계를 고민하기 시작했다(오지랖이 넓어 망하는 경험까지 하고 나서도 오지랖의 범위를 좁히지 못하고 자영업이라는 사회적 이슈를 또 고민하고 있다).

지금 베이비붐 세대는 은퇴하고 1억원에서 3억원 정도의 자금을 가지고 노동시장에 나온다. 이들이 할 수 있는 일이라는 게 별로 없다. 그 중 상당수는 자영업자의 타이틀을 갖게 된다. 게다가 지금은 창업이라는 고상한 이름으로 자영업을 권하는 시대다. 자영업 성공률이 10%가 안된다는데 무엇이 문제일까? 혹시 90%는 망할 수밖에 없는 구조가 아닐까? 그렇다면 자영업 혹은 창업을 권하는 것이 과연 옳은가? 자영업 · 창업 관련 정책은 무엇이 문제이고 어떤 지향점을 가져야 할까? 이런저런 구조적 문제들에 대한 답을 찾기 위해 리서치를 시작했다.

사실 구조적인 문제가 되는 업종은 한정되어 있다. 자영업이라도 전문성을 기반으로 하는 업종은 수급 조절이 되는 편이다. 예를 들면 자전거와 관련된 사업이 그렇다. 웬만한 전문성 없이는 뛰어들기 힘들다. 그리고 대부분의 자전거 전문점 사장님들은 자전거에 대한 열정이 대단하다. 자전거 가게 주인 치고 전국일주 한번 안해본 사람이 없다. 문제는 전문성 없이 뛰어들 수 있는 업종들이다. 대표적으로 카페, 음식점, 편의점이 그렇다.

일단 망하는 이야기부터 해보자. 창업 관련 웹사이트에 들어가면 수많은 창업 성공담과 성공하는 방법을 볼 수 있다. 그러나 실상은 대다수가 망한다는 것. 왜 그럴까? 우선 내가 어떻게 망했는지 고찰해봐야 한다. 경영 컨설턴트로 3년간 일했기 때문에 매출 예측이나 마케팅, 원가관리 같은 최신 경영모델에 대해서 누구보다 잘 알고 있었다. 그러나 정작 내 사업에 적용할 때는 과거의 경험이 다 소용없었다. 지금 생각해도 내가 왜 그랬는지 이해가 안 간다. 1억원이 넘는 돈을 써가면서 사업을 시작할 때는 모든 가능성을 검토하고 돌다리도 하나하나 두들기며 건너야 하는 법인데 일사천리로 진행했으니. 나뿐만이 아니다. 많은 사람들이 창업을 준비하면서 필요 이상으로 서두르는 경향이 있다. 왜 그럴까? 첫번째로 사업을 준비하는 기간 자체가 비용이다. 빨리 오픈할수록 비용이 줄어든다. 가지고 있는 돈 액수는 정해져 있고 영업 개시도 하기 전에 나가는 돈들이 너무 아깝게 느껴진다. 두번째는 과도한 자신감이다. 빨리 시작하고 싶고 또 문을 열면 잘할 수 있을 것 같기 때문이다. 문제가 생기면 그때그때 해결해가면서 하면 될 듯싶다. 해야 할 일들을 잔뜩 써놓고 시작하지만 정작 가장 중요한 것, 계획대로 되지 않았을 때의 대책은 소홀하다. 모든 문제는 여기서 시작한다.

카페를 시작하기 전 가장 기본적으로 했어야 할 일은 그 사업을 해본 사람의 이야기를 듣는 것이다. 혼자 고민하는 것보다는 장사를 해본 사람의 이야기를 듣는 것이 가장 객관적이고 정확하다. 그런데 나는 그렇게 하지 못했다. 현장에 몇 번 나와 유동인구를 조사하고 주변 카페의 손님 수를 지켜봤다. 그리고 내가 무엇을 할 수 있는지를 생각했다. 주변에 사업을 해본 지인들로부터 분석을 철저히 하라는 조언을 받았을 때 겉으로는 '감사합니다'라고 했지만 속으로는 '이미 잘하고 있습니다'라고 답했다. 컨설턴트로 3년간 경영분석만 하던 나였다. 주제가 뭐든지 분석에는 자신이 있었다. 홍대에서 독립 카페로 성공하기가 쉽지 않을 것이라는 이야기를 많이 들었다. 그때마다 그건 경영 능력이 부족하기 때문이라고 (마음속으로) 답했다. 쫄딱 망하고 나서야 내가 얼마나 교만한 태도로 사업을 했는지 깨달았다. 내 판단이 얼마나 보잘것없는 것인지, 이미 경험한 사람들의 충고가 얼마나 소중한 것인지 깨닫는 데 생각보다 어마어마한 비용을 지불해야 했다. 철저히 자신을 객관화하고 나의 논리에 어떤 허점이 있는지 기를 쓰고 찾아내는 것이 생존의 필수 과제다. 한편으로 잃은 것만 있는 것은 아니다. 이제 다시 시작하려는 시점에서 무엇을 해야 하는지 잘 알게 되었다. 어떻게 하면 망하는지 배운 것도 큰 자산이다. 아는 만큼 덜 망한다.

자영업자가 생존하기 힘든 첫번째 이유는 준비되지 않은 '개인'이다. 준비되지 않은 채로 사업에 뛰어들기 때문에 생존이 어렵다. 사업을 시작하기 전에 사업의 속성과 시장의 특성을 철저히 공부해야 한다. 그런데 알아야 할 것이 또 하나 있다. 자영업자가 생존하기 힘들게 만드는 '외부적' 요인들이다. 개인이 철저히 준비하는 것은 너무 당연한 일이다. 그러나 그것만으로는 충분치 않다. 자영업자가 부딪히게 되는 현실에 대해서 정확히 인식해야 한다. 개인이 아무리 준비하고 대비해도 넘어설 수 없는 벽이 분명 존재한다. 그 벽이 어디에 세워져 있는지, 얼마나 높은지 알아야 벽을 피하거나 넘어갈 수 있다. 아무리 노력해도 그 벽을 넘을 수 없다면 애초에 시도하지 않는 것이 더 낫다. 이런 건 망해봐야 아는 이야기다. 누구도 사전에 말해주지 않는다. 왜냐면 망하는 이야기는 돈이 안되기 때문이다.

돈 안되는 이야기를 풀어내는 이유는 우리 카페가 이른바 '소셜 카페'이기 때문이다. 사회적 문제를 해결하겠다는 큰 꿈을 가지고 창업했던 카페다. 그런데 그 해결하고자 했던 문제들 때문에 결국 홍대를 버리고 다른 곳으로 이전하게 됐다. 비록 애초에 목표했던 바를 이루지는 못했지만 우리가 해결해야 될 문제가 무엇인지 매우 명확하고 구체적으로 알게 되었다. 자영업자가 왜 이토록 많이 망하는지, 개인의 책임을 논하기 전에 망할 수밖에 없는 시스템의 문제들에 대해서 좀더 구체적으로 고민할 수 있었다. 문제만 발견한 것은 아니다. 시스템적 대안과 자영업자 개인이 할 수 있는 대비책에 대해서도 논의할 것이다. 이 책이 모든 문제를 해결할 수는 없겠지만 자영업자가 사업을 시작하기 전에 알아야 할 문제들을 나열하고 최소한의 대책들을 제시하고자 한다.

● 카페 창업 실패 공식

쌉싸름한 커피향에 빼앗긴 직장인의 꿈

카페는 신규창업 후보 1위 업종이다. 이상하게도 많은 직장인들이 카페 사장을 꿈꾼다. 일하면서 책도 읽고 자기 취향대로 공간을 꾸미고 좋은 일도 가끔은 할 수 있는 사업이라고 생각하는 것 같다. 그런데 내가 아는 한 그런 카페는 없다. 카페 생존의 핵심은 영업이다. 영업 능력이 카페 생존의 갈림길이다. 어떤 일이든 영업은 힘들다. 카페를 열면 손님이 물밀듯 찾아올 것이라는 기대는 사막 한가운데서 조금만 걸어가면 오아시스가 나올 것이라는 착각과 비슷하다. 사막에 오아시스가 없다는 사실을 깨닫는 시점은 안타깝게도 너무 지쳐서 다른 조치를 취할 여력도 없을 때다. 결국 쓰러지고 마는 운명을 맞게 된다. 행여나 손님이 물밀듯 찾아오는 곳이라면 그만큼 보증금, 임대료, 권리금이 비싸다.

필자가 운영했던 카페는 홍대에 있었다. 홍대 하면 카페의 메카다. 우리 카페 주변으로 반경 100m 안에 대한민국에서 이름 있는 카페는 다 있었다. 카페베네, 커피스미스, 탐앤탐스, 스타벅스 등 없는 브랜드가 없었다. 자본주의와 맞장 한번 떠보자는 청년의 객기, '그래도 홍대인데 이 엄청난 유동인구가 곧 나의 매출이 될 것'이라는 막연하고 헛된 기대, 그리고 자영업의 속성을 전혀 이해하지 못했던 무지가 결합되어 홍대에 카페를 열었다. 지금 와서 생각해보면 정말 어이없는 시도였는데 나만 어리석은 것은 아닌 것 같다. 수많은 사람들이 홍대에 들어왔다가 몇 개월을 버티지 못하고 문을 닫으니 말이다.

카페를 차리기로 결정하고 창업할 지역을 정했다면 으레 가장 먼저 찾는 곳이 부동산 중개업소다. 그런데 부동산 중개업소를 찾기 전에 먼저 자금계획을 정확히 하고 가야 한다. 그렇지 않으면 대부분이 애초 계획보다 더 무리한 조건에 계약을 하게 된다. 애초에 생각했던 돈으로는 입지가 좋지 않은 것 같고 조금만 무리하면 매출로 충분히 메울 수 있을 듯한 착각에 사로잡힌다. 부동산 업자의 역할이라는 게 조금 더 비싼 곳으로 들어가게 하는 것이다. 그렇다고 부동산 중개업자가 부도덕하다는 것은 아니다. 그들이 돈을 버는 방법이고 거짓말이나 불법적인 요소가 없는데 자본주의 사회에서 누가 뭐라 하겠는가? 그리고 실제로 장사를 해보지 않은 부동산 중개업자 입장에서는 정직한 조언일 수도 있다. 따라서 창업을 준비하는 사람이 자신의 한계를 정확히 파악하고 애초에 구상한 사업계획을 철저히 고수하지 않으면 역량을 초과하는 사업장을 얻게 된다. 망하는 길로 들어서는 초입이다.

카페를 열기 위해서는 공간의 특성을 잘 이해해야 한다. 카페뿐 아니라 음식점, 호프집같이 공간을 기반으로 하는 사업은 모두 비슷하다. 매장의 위치, 넓이 등 부동산의 특성에 따라 사업의 전개가 달라진다. 착각하기 쉬운 점은 좋은 공간이 수익을 창출할 것이라는 기대다. 공간 자체로는 수익을 만들어내지 못하는 '비용'이다. 그것도 자영업에게는 가장 크고 즉각적인 비용이다. 인건비는 조정할 수 있어도 공간 비용은 조정이 안된다. 그리고 즉시 발생한다. 그만큼 임대료나 권리금이 비싸면 사업의 리스크가 매우 커진다. 임대료(보증금)나 권리금이 높으면 그만큼 장사가 잘될 것이라는 기대는 두 가지 측면에서 오류다. 첫 번째는 공간으로 수익을 창출하기 위해서는 필히 '기획'이 들어간다. 임대료나 권리금이 높아져서 커진 리스크를 적절하게 운용할 수 있는 기획력이 없다면 매장의 입지와 상관없이 망한다. 두번째는 부동산 시장의 비효율적 특성이다. 시장을 믿어서는 안된다. 특히 대한민국 부동산 시장의 탐욕은 가히 살인적이다. 처음 장사를 시작할 때는 적정 임대료가 얼마인지 가늠하기 힘들다.

경영학에 '정보의 비대칭성'이라는 용어가 있다. 쉽게 설명해서 거래하는 사람들이 각각 다른 수준의 정보를 가지고 있다는 이야기고 결국 정보가 부족한 사람이 더 불리한 가격에 거래를 하게 된다는 이론이다. '정보의 비대칭'이 가장 두드러지게 나타나는 시장 중 하나가 부동산이 아닐까 생각한다. 우선 자영업을 처음 시작하는 사람들은 부동산 업자나 거래하고자 하는 가게 주인이 주장하는 바를 검증할 능력이 없다. 어떤 기준으로 어떤 판단을 해야 하는지도 모르는 경우가 많다. 가령 홍대 앞 유동 인구가 하루 5만명이라든지, 매출이 기대되는 사무실 수가 2,000개가 넘는다든지 하는 말들은 검증이 어렵다. 그리고 그런 수치가 매출에 어떤 영향을 미치는지도 확실치 않다. 이해관계 측면에서 보더라도 부동산 업자는 건물 주인 편이 될 수밖에 없다. 임대인은 계속 바뀌지만 건물주는 바뀌지 않기 때문이다. 상식적으로 누가 더 중요한 고객일까? 게다가 권리금이나 보증금이 올라갈수록 수수료가 높아지니 부동산 중개업자로부터 적절한 정보를 기대하는 것 자체가 무리다. 다시 한 번 말하지만 부동산 중개인이 부도덕해서가 아니다. 구조적인 틀이 그렇다는 얘기다.

종합해보면 공간을 운영할 능력도 없으면서 크고 입지 좋은 공간을 무턱대고 얻었다면, 그것도 건물주가 요구하는 임대료

(보증금)와 기존 매장 운영자가 요구하는 권리금을 다 내고서 매장을 시작했다면 망할 가능성이 80%다. 우리나라 자영업 폐업 비율이 80%다.

안타깝게도 망하는 비율 80%에 우리도 한몫했다. 정확히 말해 폐업은 아니지만 사실상 망한 것이나 다름없다. 우리 매장은 홍대 정문에서 상수역 방향으로 100m 정도 내려오면 보였다. 아니 잘 보이지 않았다. 2층에 있었기 때문이다. 35평 정도의 공간이 필요했는데 1층에 얻자니 임대료가 월 1,000만원이 넘었다. 그래서 2층으로 갔다. 2층 임대료는 300만원이었다. 그런데 진행하다보니 300만원이 아니었다. 일단 부가세 30만원이 붙는다. 이 부가세가 참 애매하다. 처음에는 좀 억울했다. 집 주인이 돈을 버는데 왜 세입자가 세금을 내는 것인지 이해할 수 없었다. 그런데 원래 부가가치세는 최종 소비자가 내는 것이라고 했다. 부동산 시장의 최종 소비자는 자영업자라 할 수 있으니 딱히 건물주가 세입자에게 일부러 전가하는 것이라고 보기도 힘들었다. 게다가 관리비를 평당 1만원씩 받는다고 했다. 도합 374만원이었다. 보증금 7,000만원에 대한 이자비용까지 합치면 공간을 유지하는 비용만 월 400만원이 들어갈 참이었다.

그쯤에서 멈춰야 했다. 그런데 일단 계약을 하기로 마음을 먹었고 부동산 중개업자와 얘기할 때는 모르다가 막상 집주인과 만나서 계약하려는 자리에서 이런 사실들을 알게 되니 판단할 시간과 기준이 없었다. 물론 그런 게 일종의 관행이었다. 이미 장사를 해본 사람들은 다 아는 사실이었다. 그러나 처음 장사를 하는 사람은 이런 세세한 사안까지는 모를 수 있다. 임대료가 300만원에서 갑자기 374만원이 됐는데 '원래 이렇습니다'라는 말에 그냥 사인을 하고 말았다. 혹자는 부가세는 환급되지 않느냐고 되묻는다. 세금 환급은 1년에 한 번 받지만 임대료는 매월 낸다. 1년을 못 버티는 자영업자가 수두룩하다. 때문에 그냥 임대료라고 생각하는 게 맞다. 그리고 보통 창업 1년차에는 비용이 많이 들어가기 때문에 부가세 환급을 받는 경우가 많지만 2년차부터는 비록 실제 수익을 내지 못하고 심지어 적자라도 부가세 환급을 받기 쉽지 않다.

세무사는 2년차에도 부가세를 환급받으면 세무조사를 받을 가능성이 있다고 말했다. 내가 탈탈 털어도 먼지날 일 없으니 적자난 그대로 다 신고하자고 말하니 세무조사 받으면 안 걸릴 사람이 없다고 했다. 소위 '똔똔'으로 맞추자는 제안에 그렇게 하고 말았다(물론 세무사가 귀찮아서 그런 것일 수도 있다. 순진한 내가 당한 걸까?). 결국 부가세 30만원은 비용이 되어버렸다. 부동산 중개인과 이야기할 때는 임대료가 월 300만원이었지만 계약서에 사인할 시점에는 부가가치세, 관리비, 보증금 이자비용까지 월 400만원이 되어버렸다. 커피 팔아서 월 400만원의 이익을 남길 수 있을까?

솔직히 직장인으로 억대 연봉을 받으며 사회운동 차원에서 카페를 운영할 때는 임대료 400만원이 그리 크게 보이지 않았다. 처음 몇 달 적자는 사업 초기니까 그렇다고 생각했다. 또 적자가 난다 해도 그냥 메우면 그만이었다. 그런데 매출이 아무리 늘어도 550만원 이상 나오지 않았다. 생각해보면 당연했다. 영업시간 내내 눈코 뜰 새 없이 장사가 가장 잘되는 날에 40만원 정도 매출을 올렸다. 가장 많이 나가는 메뉴인 아메리카노가 3,500원이었고 객당 평균 매출이 4,000원 정도였다. 일반 프랜차이즈 카페보다는 더 저렴했다. 당연히 그렇게 할 수밖에 없다. 그런 가격으로 100잔을 팔면 40만원이다. 오전 11시부터 밤 11시까지 12시간 영업하는 동안 카페가 세 번은 꽉 차야 그 정도 매출을 올린다. 금요일이나 토요일 정도에만, 그것도 한 달에 두 번 정도 매출이 30만원 이상이었고 평일에는 10만원에서 20만원 사이를 오갔다. 그나마 강연이나 행사를 진행하는 날에는 좀 나은 편이었다. 평균 20만원의 매출을 꾸준히 올리더라도 30일 내내 장사를 해봐야 매출이 600만원이다. 주말에 매출이 늘어난다 해도 전체적으로 월 700만원 넘어가기는 정말 힘들다.

나가는 돈은 얼마일까? [도표 4]를 참고로 살펴보자. 일단 임대료가 월 400만원이고 인건비도 꽤 된다. 주인이 상주하고 아르바이트만 근무해도 월 150만원 이상 든다. 손님이 많고 적을 때가 규칙적인 것도 아니고 주인 혼자 있다보면 서비스의 질이

도표 4] **홍대 근처 2층 카페 월 운영비 결산**

매출	• **객당가**	4,000원×(1,500~1,750명) = 월 매출 600만~700만원
	∵ 일 매출 10만~40만원(주말, 카페 이벤트 포함)	
비용	• **임대료**	300만원+30만원(10% 부가세)
	• **인건비**	150만원(주인 상주 필)
	• **수도, 전기 운영비**	50만원
	• **원두, 음료 재료비**	150만원 = 월 비용 680만원
수익	• **매출**	(600만~700만원)-비용 680만원 = 월 수익 20만~-80만원
	∵ 임대 보증금 7,000만 원에 대한 이자비용은 계산하지 않았다	

급격하게 떨어져서 결국 매출감소로 이어진다. 아르바이트든 직원이든 1명은 있어야 한다. 수도, 전기 등 공간 운영에도 월 50만원 정도가 소요된다. 게다가 원두 등 재료비 원가까지 계산하면 매출 750만원을 올려도 주인은 한 푼도 가져가지 못한다. 물론 카페가 2층에 있었고 최신 인테리어를 한 것도 아니었기에 기대를 크게 하지는 않았다. 그래도 직원들 월급은 줄 수 있을 줄 알았다. 그렇다고 1층으로 갈 수도 없는 일이었다. 홍대 근처에 같은 크기 매장 1층 임대료는 월 800만~1,200만원이다. 최소 매출 1,200만원에서 1,500만원을 올려야 한다는 말인데 도대체 커피를 몇 잔 팔아야 가능할까? 월 매출 1,000만원을 하려면 월 2,500잔을 팔아야 한다. 하루도 쉬지 않고 영업하면 하루에

85잔이다. 100잔씩 꼬박꼬박 팔면 사장이 150만원을 벌어간다. 카페가 즐비한 거리에서 하루에 100명이나 내 카페에 들어올 가능성은? 쉽지 않다.

이쯤 되면 테이크아웃이 있지 않느냐고 묻는다. 맞다. 카페 매출에서 테이크아웃은 매우 중요하다. 그런데 현실적으로 얼마나 많이 팔 수 있을지 생각해보자. 상수역에서 내려서 홍대 정문까지 걸어가다보면 총 15개의 카페를 만난다. 그것도 길가에 있는 카페만 계산했다. 골목 안에 있는 카페까지 합하면 수십 개다. 그 15개 카페 모두 매장 매출보다는 테이크아웃에서 수익을 기대하지 않았을까. 그나마 상수역에서 홍대 정문까지의 거리는 걸어서 10분밖에 되지 않는다. 이 거리를 지나가면서 테이크아웃 커피를 주문할 사람은 누구일까? 주변 사무실 사람들, 홍익대 학생, 교직원들이다. 홍대에 놀러온 사람들은 테이크아웃을 하지 않는다. 얼추 생각해봐도 테이크아웃 수요가 그리 많지 않다. 홍대 거리에 오는 수많은 사람 중에 일하러 오는 사람은 일부일 뿐이고 홍익대 사람들은 학교에 싼 커피가 있다. 보통 학교에서 파는 테이크아웃 커피는 1,500원 이하다. 그 가격을 못 맞추면 테이크아웃에 매출을 기대하기는 힘들다. 한마디로 1층에서 임대료 1,000만원을 내든 2층에서 400만원을 내든지 간에 브랜드 없이 커피 장사로 먹고살기란 거의 불가능하다고 봐야 한다.

그렇다면 임대료는 왜 그렇게 비싼 걸까? 우선 홍대 거리의 유동인구는 서울 안에서 단연 최고다. 그런데 홍대를 특별하게 만드는 시간대는 밤 11시에서 새벽 3시다. 홍대 임대료는 이 어두컴컴한 시간대의 엄청난 유동인구를 반영하고 있다. 문제는 그 사람들이 커피를 마시러 오는 것이 아니라는 사실이다. 그렇다고 딱히 밥을 먹는 것도 아니다. 주말 오후를 제외하고는 평일 낮 시간대의 유동인구는 썰렁하다 못해 지방 작은 도시 뒷골목 수준이다. 농담이 아니다. 정말로 그렇다. 특히 상수역에서 홍익대 정문으로 가는 길은 놀라울 정도로 조용하다. 어떻게 이곳 임대료가 이렇게 비쌀 수 있는지 화가 날 정도다. 한마디로 여기는 술장사만 살아남을 수 있다. 새벽 시간에 오는 사람들이 와서 찾는 게 무엇이겠는가? 춤과 술이다. 음식 장사도 만만치 않다.

홍대 주변에 카페나 괜찮은 음식점이 급속히 사라지고 있는 이유는 실제 유효고객 수에 비해 터무니없이 가파른 임대료 상승에 있다. 술장사 외에 그 높은 임대료를 버틸 수 있는 업종은 거의 없다. 그러니 대형화, 프랜차이즈화가 되고 만다. 왜냐면 결국 그 임대료를 버티기 위해서는 규모의 경제를 이뤄서 상권을 독점(혹은 과점)해야 하기 때문이다. 규모의 경제를 이뤄 상권을 독점하려면 초기에 대규모 자본이 소요된다. 게다가 독점의 필수조건인 좋은 입지를 선점하기 위해 권리금을 엄청나게 지불한다. '고작' 퇴직금 2억~3억원을 들고 들어올 곳이 아니라

도표 5] **카페베네 홈페이지에 나온 창업 비용**

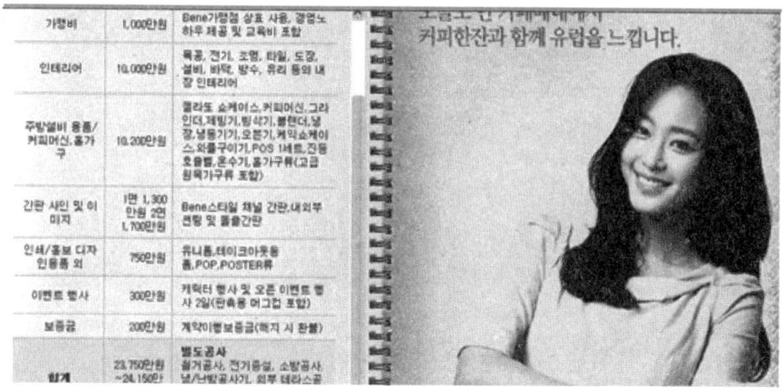

가맹비	1,000만원	Bene가맹점 상표 사용, 경영노하우 제공 및 교육비 포함
인테리어	10,000만원	목공, 전기, 조명, 타일, 도장, 설비, 바닥, 방수, 유리 등의 내장 인테리어
주방설비 용품/커피머신, 홀가구	10,200만원	젤라또 쇼케이스, 커피머신, 그라인더, 제빙기, 빙삭기, 블렌더, 냉장, 냉동기기, 오븐기, 케익쇼케이스, 와플구이기, POS 1세트, 진동호출벨, 온수기, 홀가구류(고급원목가구류 포함)
간판 사인 및 이미지	1면 1,300만원 2면 1,700만원	Bene스타일 채널 간판, 내외부 렌팅 및 돌출간판
인쇄/홍보 디자인용품 외	750만원	유니폼, 테이크아웃용품, POP, POSTER류
이벤트 행사	300만원	캐릭터 행사 및 오픈 이벤트 행사 2일(판촉용 머그컵 포함)
보증금	200만원	계약이행보증금(해지 시 환불)
합계	23,750만원 ~24,150만	별도공사 철거공사, 전기증설, 소방공사, 냉/난방공사기, 외부 테라스공

는 말이다. 홍대에 작은 커피집이 있을 자리는 없다. 홍대뿐이랴. 메인 상권으로 불리는 대부분의 곳이 마찬가지다. 2억~3억원 정도 말아먹는 건 순식간이다.

그렇다면 프랜차이즈는 대안이 될 수 있을까? 우선 프랜차이즈 카페의 대명사로 한창 뜨고 있는 카페베네를 보자(이하 2012년 기준). 홈페이지에 들어가면 40평 매장을 차리는 데 드는 비용이 소개되어 있다. 가맹비 1,000만원 외에 인테리어, 주방 설비, 커피 머신, 간판, 인쇄물, 디자인, 보증금 등 총 2억 3,750만원이 든다고 한다. 철거, 전기, 소방, 냉·난방, 외부 테라스, 각종 인허가 및 견적 외 품목은 포함되지 않는다. 보통 40평 기준 철거 비용은 싸게 해도 500만원, 아무 생각 없이 업체 불러서 하면 1,000만원 정도 든다. 전기, 소방, 냉·난방 등 시설 비용을 낮게 잡아 2,000만원 정도라고 하고, 테라스 공사 1,000만원 정도, 게다가 가장 중요한 보증금과 권리금을 생각하면 4억원에서 많게는 5억원까지 초기비용으로 생각해야 한다. 40평이라고 해봐야 주방 4평에 테이블을 꽉꽉 채워도 15개다. 어느 세월에 그 많은 돈을 벌 수 있을지 참 궁금하다.

계산해보면 얼추 답이 나온다. 매장이 꽉 찼을 때 40명 정도 앉는다고 치자. 매우 관대한 기준이다. 보통 한 테이블에 2명이 앉는 경우가 많고 혼자 오는 손님들도 있기 때문에 테이블 15개가 꽉 찼다 해도 40명이 안될 경우가 더 많다. 객당 매출은 얼마나 될까? 카페베네 메뉴는 정말 다양하다. 거의 음식점 수준이다. 비싼 메뉴도 많다. 넉넉히 6,000원으로 잡아보자. 매장이 꽉 찼을 때 24만원의 매출이 나온다. 주말에는 네 번 회전하고 주중에는 세 번 회전한다고 치자. 정말 관대한 기준이다. 그 정도면 진짜 대박 매장이다. 카페에 한번 오면 기본 한 시간, 보통 두 시간, 길게는 세 시간 정도 앉아 있기 때문에 네 번 회전한다는 것은 개점부터 폐점까지 계속 꽉 차 있다는 뜻이다. 주중에도 세 번 회전은 정말 어렵다. 장사가 엄청 잘되는 경우다. 그런 대박을 내면 주말에 768만원, 주중에는 1,440만원, 합해서 2,200만원 정도의 매출을 올릴 수 있다. 단 하루도 쉬어서는 안 된다. 카페 사장들이 본다면 도대체 이 말도 안되는 기준은 어디서 구한 거냐고 항의할 만한 초대박 매장이다.

이제 비용을 생각해보자. 이런 초대박 매장은 여의도나 홍대

도표 6] **카페베네 월 운영비(40평, 도심 주요 지역 기준)**

매출	• 객당가	6,000원 테이블 15개(40명) 주말 160명(4회전), 주중 120명(3회전) = 월 매출 2,200만원
	∵ 카페베네의 경우 다양한 메뉴로 인해 객당가가 높다. ∵ 카페 회전율은 매우 적극적으로 계산하였다.	
비용	• 임대료 • 인건비 • 수도, 전기 운영비 • 원두, 음료 재료비	1,000만원 540만원(3명, 12시간 근무) 100만원 300만원 = 월 비용 1,940만원
	∵ 카페베네의 경우 다양한 메뉴로 식음료 재료비가 높다. ∵ 인건비는 최소로 필요한 인원의 비용을 계산하였다. 이와 같이 하면 절대 안된다.	
수익	• 매출	2,200만원 – 비용 1,940만원 = 월 수익 260만원
	∵ 카페베네 측에서 말하는 카페 오픈 비용은 2억 3,750만원이다(40평 기준) 하지만 철거, 전기, 냉난방, 테라스, 인허가 등 품목은 포함되어 있지 않다. 이에 보증금과 권리금까지 포함하면 4억~5억원 정도의 초기 비용이 예상된다. 이에 대한 초기비용은 본 계산에 포함하지 않았다.	

혹은 신촌의 메인 상권, 강남에서 가능할지도 모르겠다. 일단 임대료가 1,000만원 정도로 예상된다. 실평수 기준 40평이면 실제 계약 평수는 50평이 넘는다. 게다가 관리비, 보증금 이자 비용, 부가가치세를 더하면 1,000만원은 그리 높게 잡은 것이 아니다. 인건비는 얼마나 들까? 저 정도의 매출을 올리기 위해서는 항상 3~4명이 주방에 있어야 한다. 3명이면 아르바이트생들이 견디

지 못하고 뛰쳐나갈 것 같다. 아무튼 3명 기준으로 12시간을 영업한다고 가정하면 인건비만 540만원 정도가 나간다. 원가는 매출의 15%만 잡아도 300만원이 넘어간다. 물론 커피의 경우 원가가 무지 싸다. 보통 커피 한 잔에 20g 정도 들어간다. 1kg 도매가가 2만원 안팎이라 하면 한 잔에 500원이 채 안된다. 그러나 카페베네는 커피만 취급하는 게 아니다. 말했듯이 거의 음식점 수준이기 때문에 원가를 15% 정도로 계산하면 무난할 것 같다. 게다가 전기, 수도 등 제반 비용이 100만원 정도 나간다. 임대료 1,000만원, 인건비 540만원, 재료비 300만원, 기타 제반 비용 100만원. 벌써 2,000만원에 근접했다. 여기서 끝이 아니다. 이런 대박 매장은 기계 수리 비용이 들어간다. 몇 년 쓰면 바꿔야 한다. 뭐든지 끝이 없지만 카페도 마찬가지다. 뭔가 예쁘게 하려면 돈이 끝없이 나간다. 물론 이건 어림잡은 수치이지 정확한 데이터는 아니다. 임대료가 너무 높게 계산된 것은 아닌가 생각한다면 걱정하지 말자. 이 정도 초대박 상권이면 임대료도 곧 오른다.

실제 장사는 얼마나 잘되는지 가서 확인해보기로 했다. 필자가 운영하던 카페 바로 건너편에 카페베네와 커피스미스라는 대형 프랜차이즈 카페들이 바로 붙어 있었다. 그야말로 초대형 매장들이다. 주변 부동산 중개인에게 물어보니 임대료만 최소 2,500만~3,500만원 정도라고 한다. 둘 다 건물을 짓고 들어온 것을 보면 땅만 임대한 것일 수도 있다. 아무튼 초기에 투입된 비용만 10억원이 족히 넘을 매장들이다. 인근 부동산에 의하면 (부동산 업자가 얼마나 정확한 정보를 줬는지는 알 수 없지만) 카페베네가 들어올 때 권리금이 3억~4억원 정도였다고 한다. 도대체 커피를 얼마나 팔아먹을 생각일까? 정말 대단하다. 재미있는 것은 기업형 카페의 선두주자라 할 수 있는 스타벅스가 얼마 전 바로 옆, 코데즈컴바인이라는 여성의류 매장이 있는 곳에서 철수해서 상수역 쪽으로 100m 정도 내려갔다는 것이다. 그것도 매장 사이즈를 확 줄여서 갔다. 스타벅스가 매장을 철수했다는 이야기는 전 세계적으로 흔한 이야기가 아니다. 몇 년 전 명동의 가장 비싼 매장에서 철수했을 때도 뉴스거리가 되었다. 그렇다고 홍대에서 완전히 철수한 것도 아니다. 사이즈를 줄여서 홍대 정문에서 조금 더 멀고, 임대료가 조금 더 싼 곳으로 이사를 간 것이라서 스타벅스 입장에서는 굴욕이라고 할 만하다.

스타벅스가 사이즈를 줄이고 임대료 싼 곳으로 이사 간 것을 보면서 건너편에 있던 우리는 어떻게 받아들여야 할지 애매했다. 스타벅스가 망했으니 우리에게는 좋을까라고 잠시 생각했지만 정확한 답은 '스타벅스도 안되는 곳에서 지금 뭐하는 건가'였다. 그런데 스타벅스가 나가고 얼마 안돼서 바로 옆 건물들이 철거되더니 카페베네가 들어왔고 바로 얼마 후 커피스미스가 들어왔다. 게다가 우리 카페 옆 건물에는 커핀그루나루가 또 생겼다. 이게 뭔가 싶었다. 커피가 그렇게 잘 팔리나? 그래서 확인해보았다. 좀 웃기는 짓이지만 카운터 옆에서 죽치고 앉아서 얼마나 팔리는지 세어봤다.

우선 가장 장사가 잘되는 주말, 대한민국 최고의 상권 홍대에 있는 3층짜리 카페베네 매장에서 세 시간 동안 앉아 있었다. 그것도 점심 먹고 카페에 앉아 담소를 나눌 시간대인 두시부터 세 시간. 그 시간대에는 지하부터 2층까지 빈자리 없이 거의 꽉 차 있다. 자리가 없어서 주문하지 않고 나가는 사람들도 꽤 있었다. 나는 골든메달리스트를 주문하고 사람 수를 세고 있었다. 쉴 새 없이 계속 들어왔다. 내가 주문하고 나서 총 181명이 들어왔다. 6월 말 여름, 카페 매출이 가장 높을 때다. 점심식사 시간 이후부터 사람들이 커피를 찾기 때문에 보통 토요일은 오후 두시부터 장사가 되기 시작한다. 넉넉히 잡아서 주말에 600명의 손님이 찾아온다고 해도 주말 매출이 2,880만원이다. 주중에는 그의 절반에도 못 미칠 것이다. 하루 평균 200건의 주문을 받는다면 꽤 잘 쳐준 것 같다. 그 정도로 계산한 평일 매출은 2,400만원이다. 과연 이만큼 매출이 나올까 싶기도 하지만 계산상으로 그렇다 치자. 총 월 매출 5,200만원이다. 임대료를 최소로 잡아 2,500만원에 인건비는 시간당 5,000원을 기준으로 5명이 12시간 근무한다고 보면 900만원이 소요된다. 이 규모를 운영하기 위해서는 사실 아르바이트 외에 매니저가 또 붙어야 하기 때문에 임대료와 인건비만 대략 3,600만원이다. 게다가 재료비는 780만원, 수도, 전기 등 제반 비용이 200만원, 시설 및 건물 유지비용을 대략 50만원으로 생각하면 4,630만원 정도가 소요된다. 월 600만원이 남는다는 계산인데 초기 투자비용이 10억원이었다면 이자 5% 기준으로 기회비용이 450만원이다. 은행에 그냥 10억원을 예금하고 앉아서 벌 수 있는 돈이 그만큼이다. 그보다 겨우 150만원 더 버는 것이라면 과연 투자가치가 있는 건지 모르겠다. 물론 점포를 정리하면서 권리금을 더 받을 수 있다면 모르겠지만 지금과 같은 경제 상황에 누가 인수를 하려고 할까? 부동산 중개업자 말로는 지금 넘기면 7억~8억원은 부를 거라는데 (사실 그 정도가 맞을 것 같다. 초기에 손해 보면서 매장을 운영하던 비용까지 권리금에 포함시켜야 할 테니까) 지금 그 돈을 주고 저런 대형매장을 인수하는 것은 내가 보기에 미친 짓이다. 진짜 문제는 주말 양일 동안 지속적으로 600명씩, 평일에는 평균 200명씩 매장을 찾느냐가 관건인데 과연 그렇게 많은 손님이 올까? 필자는 회의적이다. 그나마 홍대니까 이 정도로 잡은 것이고, 유동인구가 많으면 그만큼 임대료도 비싸다.

• 2010~2012년 7월 홍대 정문에서 상수역까지 매장 변화

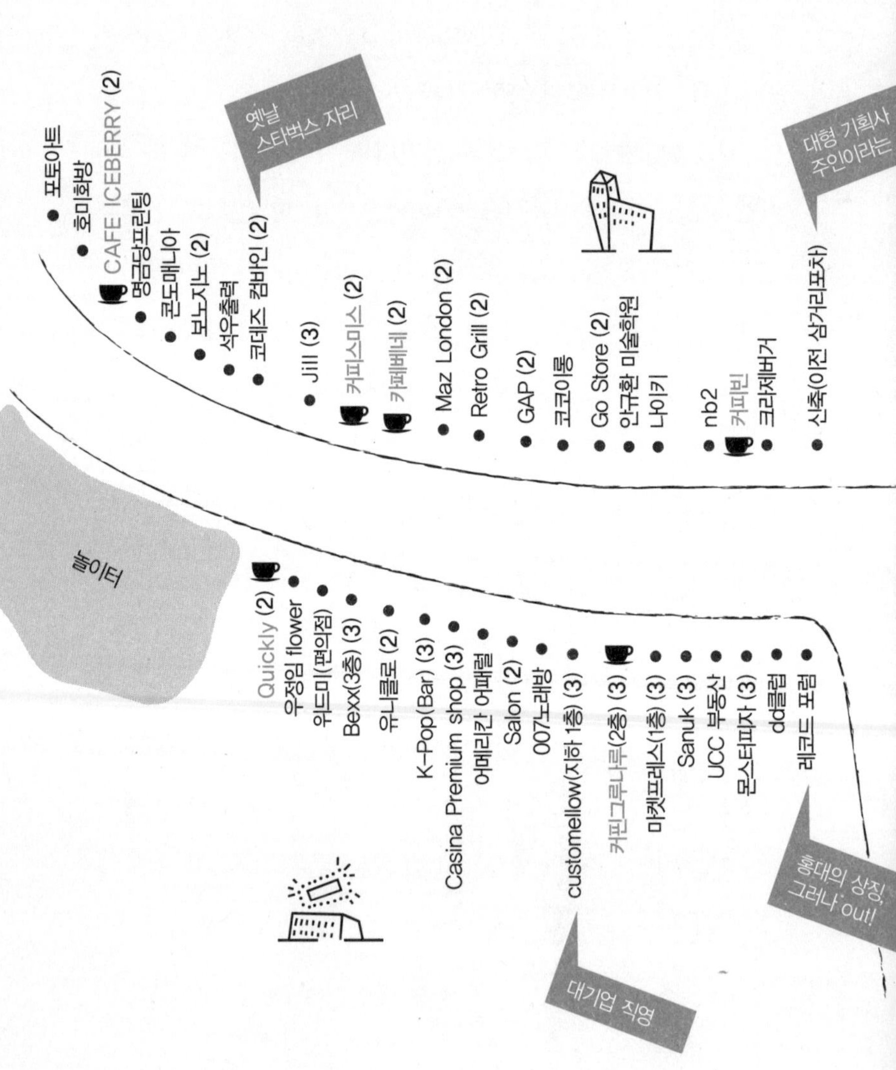

포토아트
호미화방
CAFE ICEBERRY (2)
명금당프린팅
콘도매니아
보노지노 (2)
석우출력
코데즈 컴바인 (2)
옛날 스타벅스 자리
Jill (3)
커피스미스 (2)
카페베네 (2)
Maz London (2)
Retro Grill (2)
GAP (2)
코코이롱
Go Store (2)
안규환 미술학원
나이키
nb2
커피빈
크라제버거
신축(이전 삼거리포차)
대형 기획사 주인이라는
놀이터
Quickly (2)
우정임 flower
위드미(편의점)
Bexx(3층) (3)
유니클로 (2)
K-Pop(Bar) (3)
Casina Premium shop (3)
어메리칸 어패럴
Salon (2)
007노래방
customellow(지하 1층) (3)
커핀그루나루(2층) (3)
마켓프레스(1층) (3)
Sanuk (3)
UCC 부동산
몬스터피자 (3)
dd클럽
레코드 포럼
대기업 직영
홍대의 상징, 그러나 out!

- Robin's Square(지하1층 Bar)
- Rabit ☕
- 세븐일레븐
- 불닭발 (3)
- Vinyl
- After Romance
- Art Holic(2층) (2)
- Pinkage (3)
- Snob
- 9j Bus
- Joeng Gam
- Art Holic
- R Ryu
- 꿀벌공인중개사사무소
- 꿀벌상회
- 요기 (3)
- cafe Blade (3) ☕
- 동천홍(중국집)
- 패밀리마트 (2)
- Standard CAFE (2) ☕
- G·Cat(5층)
- 에디야 커피 (2) ☕
- Plan B
- lost and Found (2)

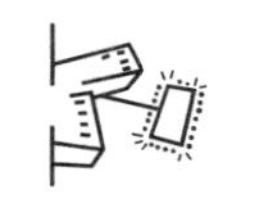

국엔
기업 놀이터

왜 이리 자주 바뀌는지……

상수역

- Limix Lab
- 막걸리도둑
- 국수집
- 오천포차 (2)
- ☕ 스타벅스 (2)
- 드림부동산
- lapalette (2)
- 극동방송 철거 후 공사 중
- ☕ 호호 미욜
- 쇼&아이 hair
- 홍대새교회
- ☕ 할리스커피
- GS25
- 섬마을 이야기
- 산장
- Florous
- 파리바게뜨

아! 꽃다방

혹시 밀린 걸까?

개발·호재라고 부동산 가격
또 올릴 분위기

- ( ) 숫자는 2010~2012년 매장 변경 횟수
- ☕ 표시는 카페를 나타낸다

● 법적 근거 없는 권리금

자영업자 잡는 은밀한 덫

권리금 얘기를 좀 해보자. 초기 투자비용의 상당 부분은 권리금이다. 자영업 생태계가 무너지는 가장 큰 원인 중 하나가 권리금이 아닐까 한다. 자영업자 중에 돈 좀 버는 사람들이 있다. 딱 두 부류다. 한 장소에서 장사를 잘하는 부류, 또 하나는 권리금 장사를 잘하는 부류다. 첫번째 경우는 아주 바람직하다. 어느 거리나 장사 잘되는 집이 몇몇 있다. 장사를 잘하는 집이야 다 이유가 있을 것이다. 장사 잘되는 이유를 밝히는 것이 우리의 관심사는 아니다. 그건 돈을 내든 어떻게 하든 배우면 된다. 문제는 두번째 경우다. 자영업자가 돈 벌었다고 했을 때 대부분은 이 경우가 아닐까 한다. 다름 아닌 권리금 장사 이야기다. 물론 기본적으로 장사를 잘하는 사람이 권리금 장사에 뛰어드는 경우가 많다. 그게 더 쉽고 돈의 단위가 크기 때문이다. 권리금 5,000만원을 주고 들어가서 열심히 장사한 다음에 6개월 후 권리금 1억 5,000만원을 받고 파는 것이 전형적인 권리금 뺑튀기 장사다. 이런 부류가 상당히 많다. 직장생활을 오래 하다가 퇴직금 혹은 대출금으로 장사를 처음 시작하는 사람들이 이 부류의 먹잇감이다. 주로 홍대, 강남, 대학로, 명동, 신촌 등 내로라하는 메인 상권에 서식하지만 구로디지털단지같이 주목받지는 않지만 유동인구와 사무실 인구가 상당히 많은 지역에도 출몰한다.

용산 사태, 명동 뉴타운 철거상가 투쟁의 근간에는 바로 이런 권리금 문제가 도사리고 있다. 적게는 수천만원 많게는 수억원의 권리금을 주고 들어왔는데 건물이 철거되면서 한 푼도 보상받지 못하고 날리게 된다면 누구라도 망루에 올라갈 수밖에 없다. 아니 나라면 무조건 올라간다. 이건 단순히 돈의 문제가 아니다. 가족의 생존과 직결된 문제다. 이런 일은 누구에게나 언제든지 일어날 수 있다. 권리금 떼인 자영업자 이야기는 포털사이트를 검색하면 수두룩하게 나온다. 권리금은 지금도 법으로 규정되지 않고 있다. 권리금과 관련하여 법적 근거를 마련해야 한다는 목소리는 오래 전부터 있었다. 최근 사회적 문제들이 발생하자 좀더 활발히 논의되고 있는 듯하다. 그러나 여기서 권리금의 법적 혹은 윤리적 의미를 논하려는 것은 아니다. 다만 새로 창업을 계획하는 개인에게 권리금의 경제적 의미를 알려주고자 한다.

일단 권리금에 대한 오해부터 풀어보자. 가장 큰 오해는 권리금을 자산으로 생각하는 것이다. 권리금은 법적으로 보호되는 자산이 아니다. 오히려 비용이라고 해야 더 맞다. 자산은 현금 흐름을 만들어내는 도구지만 비용은 현금을 축내는 구멍이다. 사실상 권리금이 그렇다. 권리금은 보통 시설권리, 영업권리, 바닥권리 등 세 가지로 나뉜다.

시설권리금은 말 그대로 인수하려는 사업장에 마련된 시설에 대한 값이다. 비교적 계산이 쉽다. 인수하는 사업장의 인테리어를 직접 하려면 어느 정도의 비용이 들지 알아보고 시설 공사를 한 시점부터 매년 감가상각을 했을 때 어느 정도의 가치가 남는지 계산해보면 된다. 가령 카페를 인수한다고 치자. 기존의 인테리어 수준으로 시설 공사를 하려면 5,000만원 정도가 소요된다. 인수하려는 카페가 차려진 지 3년이 지났다고 하면 5,000만원에서 3년치 감가상각을 제외한 금액이 시설권리금이라 할 수 있겠다. 감가상각 비율을 어느 정도로 할 것이냐가 중요하겠지만 어쨌든 시설권리금을 계산할 수 있는 일종의 기준이 된다. 물론 현실에서는 협상에 의해 가격이 결정된다. 시설에 대한 권리금은 어차피 들어갈 비용이기 때문에 별다른 문제가 없다. 문제는 영업권리와 바닥권리다.

바닥권리는 소위 좋은 입지에 위치하기 때문에 내는 웃돈이다. 그런데 좋은 입지라는 것은 변하기 마련이다. 그리고 같은 장소라도 업종에 따라 유불리가 달라진다. 영업권리는 한마디로 손님이 많아서 받는 권리금이다. 이게 참 문제다. 조작하기 쉬울 뿐만 아니라 주인이 바뀌면서 모든 상황이 바뀔 가능성이 높다. 예전에는 가게를 보러 올 때 아르바이트들을 투입해 고객 수를 조작하는 경우가 꽤 있었다. 요즘에는 일종의 영업관리 시스템인 포스기에 찍힌 숫자들을 직접 보여준다고 한다. 그래야 고객 수를 조작할 수 없기 때문이다. 그런데 영악한 권리금 장사꾼들은 고객 리스트를 관리한다. 근처에 비슷한 가게를 열고 고객들을 싹 데려간다.

부동산 중개업자가 소위 '작업'하는 경우도 많다. 고객 수를 믿고 권리금을 왕창 줬다가는 크게 다치는 수가 있다. 일산 장항동에 샌드위치 가게가 있다. 일산의 주요 상권인 라페스타 근처에 위치한 가게인데 근처에 모임이 있을 때 가끔 그 집 샌드위치를 주문하곤 했다. 어느 날 주인이 바뀌어서 말을 붙였다. 이런 저런 이야기를 하다가 권리금이 얼마인지까지 이야기하게 되었다. 사실 권리금이 얼마인지 물어보는 것은 일상적 대화의 영역은 아니다. 더군다나 모르는 사람에게 말해줄 성질의 것은 아니지만 워낙 많이 물어보고 다니다보니 노하우가 생겼는지 그런 정보들을 잘 얻는 편이다. 가게 크기도 작고 그 지역 유동인구를 따져봤을 때 3,000만원 정도 예상했다. 특히 양 옆으로 버거킹과 맥도날드가 진을 치고 있어서 샌드위치 집으로는 그다지 좋은 위치가 아니었다. 그런데 주인 아줌마는 내 예상치를 듣자 표정을 찡그러뜨리며 고개를 설레설레 흔들었다. "너무 많이 준 것 같애"라고 하시기에 "그래요? 8,000만원?"이라고 대화를 이어나갔다. 그런데 주인 아줌마의 답을 듣고 진짜 놀라 까무러칠 뻔했다. 1억 2,000만원을 줬다고 한다. "아 그러셨구나. 하기야 일산에서 가장 잘나가는 곳이니까요. 그럴 만도 하네요"라고 '위로'의 말을 건넸다. 그러나 사실 말이 안되는 가격이다. 내가 보기에는 사기에 가깝다. 1억 2,000만원이면 5% 기준으로 이자만 월 60만원이다. 나중에 가게를 되팔 때 1억 2,000만원을 고스란히 다 받을 수 있다고 해도 가게를 운영하는 동안 고정비용으로 월 60만원이 추가된 것이나 다름없다. 그날 장사하는 것을 보니 나중에 권리금 되찾기도 쉽지 않아 보였다.

일단 권리금을 주고 들어가면 최소한 그만큼은 받고 나오려고 한다. 당연하다. 많은 사람들이 권리금을 보증금처럼 생각한다. 문제는 권리금이야말로 정말 위험이 큰 자산(?)이다. 일단 실체가 없다. 계약서를 작성하는 것도 아니고 매도인에게 어떤 법적 책임이 부여되는 것도 아니다. 게다가 상당 부분은 협상에 따라 적게는 몇백만원에서 많게는 몇천만원까지 주고받는다. 법으로 보호되는 영역이 아니라서 문제가 생기면 최악의 경우

한 푼도 못 건질 가능성도 배제할 수 없다.

권리금에 대해서 발생하는 법적 분쟁은 대부분 임대인과 임차인 사이에서 발생한다(권리금 사기 건도 꽤 되지만 제발 사기는 당하지 말자). 거액의 권리금을 주고 들어왔는데 임대 계약이 완료되면서 강제로 사업장을 이전하게 되는 경우다. 건물을 리모델링한다든지, 건물이 매도되어 새로운 건물주가 건물의 용도를 바꾼다든지 할 때 발생할 수 있는 문제들이다. 이런 경우가 생각보다 꽤 많다. 그런데 법이 임차인에게 우호적인 판결을 한 적은 거의 없다. 5년간의 영업권을 보장해주는 조치 정도가 전부다. 임대 기간을 5년간 보장할 테니 장사 잘해서 수익을 내라는 취지다.

앞서 소개한 일산 샌드위치 집 경우를 생각해보면 이자비용과 재무적 고려까지 했을 때 연 3,000만원 이상 수익이 나야 그만큼의 권리금을 낼 만한 요인이 생긴다. 본인의 노동 대가를 제외한 금액이다. 임대료에 인건비, 재료비까지 생각해보면 연 매출 1억원을 올려야 비로소 주인이 가져갈 수익이 발생한다. 고정 비용만 임대료 월 180만원, 인건비 150만원, 전기·가스 등 제반 비용 30만원, 보증금 이자 비용 30만원 등등 최소한 1년에 5,000만원 가까이 들어간다. 게다가 재료비를 30%로 가정했을 때 일산 장항동에 위치한 10평짜리 샌드위치 집의 연 매출이 1억원이면 한 달에 150만원을 벌 수 있다. 그것도 세금까지 생각하면 그 이

하다. 1억원의 매출이 가능할까? 한 주문당 매출을 5,000원으로 계산하면 연 2만개를 팔아야 한다. 1년에 360일 일한다고 했을 때 매일 55개의 샌드위치를 팔아야 한다. 테이블이 네 개 있는데 꽉 차면 10명 정도 앉는다. 하루에 테이블이 다섯 번은 꽉 차야 맞출 수 있는 수치다. 맥도날드와 버거킹이 양 옆으로 진을 치고 있는데 그 정도의 매출을 올린다는 것은 거의 하늘의 별따기다.

1년 후에 가보니 역시나 문을 닫았다. 그러고는 생긴 곳이 카페다. 업종이 바뀌었으니 권리금은 다소 깎였을 것이다. 인근 부동산에 물어보니 권리금이 애초에 1억 2,000만원이 아니라 1억 5,000만원이었다고 한다. 부동산 중개인의 말을 다 믿을 수는 없다 해도 충격적인 금액이다. 그리고 이후에 들어온 카페는 권리금 1억원을 주고 들어왔단다. 일단 권리금에서 5,000만원은 까먹은 셈이다. 샌드위치 집 주인은 2년간 2억원 정도 손해를 봤다고 귀띔해줬다. 그러면서 나이 드신 분들이 들어오셔서 그 지역의 젊은 취향에 잘 적응하지 못하셨다고 하는데 속으로 웃음이 나왔다. 앞으로 자영업으로 나올 분들은 대부분 나이가 많으시다. 그 카페는 어떻게 됐냐고? 1년이 되지 않아서 또 바뀌었다. 이번에는 떡볶이 집이다. 부동산 중개인에 의하면 대박이 났다고 한다. 그 전 카페도 돈 벌고 넘긴 거라고 한다. 그러면서 하는 말이 더 가관이다. “아시죠? 원래 장사 제일 잘될 때 권리금 받고 넘기는 거잖아요.” 1년 후에는 그곳이 또 어떤 가게로 바뀌어 있을지 두고 볼 일이다.

권리금이 법적으로 보호받지 못한다는 점을 이용해서 돈벌이를 하는 건물주도 있다. 신사동에서 소문난 악덕 건물주인데 세입자가 장사를 잘하면 재계약을 안해주고 쫓아낸다고 한다. 그러고는 다음 세입자에게 건물주가 권리금을 받는다는 진짜 소설에나 나올 만한 악덕 건물주인이라고 한다. 소문이라 확인은 안되지만 진짜 그런 인간이 있다면 천벌을 받아도 부족할 것이다. 아무튼 땅주인이 마음만 먹으면 세입자 권리금을 까먹는 것은 일도 아니다. 이런 황당한 일은 누구에게나 일어날 수 있다. 돈 많은 나쁜 '놈'은 세상에 널려 있다. 부동산 계약서에 "권리금은 인정하지 않는다"는 문구를 써놓는 경우가 많은데 건물주의 평판을 세심히 점검해야 할 필요가 있다. 그러나 아무리 조심한다고 해도 권리금과 관련해서는 개인이 대응하는 데 한계가 있다.

권리금에 대한 사회적 규범을 신속히 제정해야 한다. 물론 어려운 점이 많다. 시장원리에 충실하면서도 임대차법과 충돌하지 않도록 한다는 것이 굉장히 어렵다. 권리금 장사꾼들에게 당하지 않는 것은 개인의 영역이라 하더라도 임대인과의 충돌로 발생하는 문제는 법적으로 규정을 해야 한다. 권리금이 엄연히 존재하는 현실을 무시하고 권리금이 전혀 없는 것처럼 쓰인 (다른 말로 임대인에게만 절대적으로 유리하게 적용되는) 임대차법이 현행과 같이 유지된다면 자영업자는 구조적으로 위기에 몰릴 수밖에 없다. 재미있는 것은 어떤 부동산 중개업자든 집주인 안 좋다는 얘기는 하지 않는다. 그런데 권리금을 떼였다는 이야기는 주변에서 정말 많이 듣는다. 건물주 중에 권리금에 대해서 민감하게 대응하는 사람들이 꽤 있다. 권리금을 떼이는 가장 흔한 경우는 건물주가 다음 계약자를 고르는 케이스다. 권리금을 받으려면 임대계약을 승계하는 사람과 건물주가 계약을 해야 하는데 권리금에 민감한 건물주는 계약 승계를 거부한다. 계약을 할지 안할지는 전적으로 건물주 마음이기 때문에 법적으로 임차인이 어떻게 해볼 수 있는 방법도 없다. 건물주가 그렇게 나오면 그냥 끝이다. 실제로 이런 경우가 비일비재하다. 우리 경우도 그랬고 최근 만났던 한 자영업자도 같은 이야기를 했다. 아무리 억울해도 재판을 해봐야 이기기 힘들다. 보통 부동산 중개인은 건물주들이 일반적으로 눈감아준다고 말하지만 실제로 그렇지 않은 경우가 많기 때문에 여러 가지로 조심해야 한다.

● 자영업자를 위한 대책

한국적 솔루션을 제안하다

요즘 자영업자의 위기에 대해서 많은 언론 보도가 나오고, 주변 사람들도 자영업에 대한 이야기를 많이 한다. '자영업자'라는 단어. 분명 우리는 '사업가'라는 단어와 다른 의미로 '자영업자'라는 단어를 사용한다. 사업가와 자영업자의 경제학적 차이는 자본과 노동력을 어떻게 사용하고 있는가에서 드러난다. 사업가는 나의 돈뿐 아니라 타인의 돈을 사용한다. 노동력에서도 자신보다 타인의 노동력을 빌려 쓴다. 반면 자영업자는 나의 돈, 나의 노동력으로 사업을 영위한다. 그러나 우리가 사용하는 '자영업자'라는 단어의 실제적 의미는 소자본, 부족한 전문성, 전략적 사고를 하기보다는 하루하루 장사하기에 바쁜 사람들을 뜻하는 것 같다. 나도 그렇게 생각했었다. 하지만 실제로 자영업자들을 만나보면 그렇지 않다는 것을 느낄 때가 많다. 자본의 규모로 보면 소자본일 경우가 많지만 아이디어, 실행력은 상당한 실력가들이 있다. 그런데도 한국 사회의 구조에서는 이러한 실력파 자영업자들도 생존하기 버겁다.

자영업자의 생존 문제를 단순히 시장에서의 경쟁 정도로 치부해서는 안된다. 이론적으로도 자유시장체제에서 한정된 자원을 위한 경쟁은 필연적으로 발생한다. 그러나 원론적 의미의 경쟁과 대한민국 자영업자들이 처한 경쟁 상황은 많이 다르다. 경쟁은 더 좋은 자원을 쟁취하기 위해 일어난다. 쉽게 말해 돈이 많이 벌릴 곳에 더 많은 경쟁이 발생해야 상식적이고 자연스럽다. 그런데 우리 시대의 자영업자들이 처한 경쟁은 좋은 자원을 쟁취하기 위한 도전이 아니라 어쩔 수 없이 밀려나는 정글이다. 자영업자의 대부분은 타의에 의해 직장생활을 할 수 없어 어쩔 수 없이 장사하게 된 사람들이다. 말하자면 생계형 자영업자들이다. 자영업자 비율이 높다는 사실을 모르는 바 아니다. 그럼에도 불구하고 자영업 시장에 뛰어들 수밖에 없는 실정이다. 우리나라처럼 복지 사각지대가 넓은 나라에서 직장을 그만두면 필히 자영업의 길을 걷게 된다. 사오정이라는 신조어가 의미하듯 은퇴 연령도 40대 중후반이 된 지 오래다. 그 나이에 직장을 잃으면 자영업 외에는 별다른 선택의 여지가 없다. 아직도 자녀들은 학생이고 돈 들어갈 곳은 수두룩하다. 그런 상황에서 자영업

시장에는 항상 적정수준을 넘어서는 경쟁이 발생하고 따라서 임대료 등 비용은 계속 올라간다. 결국 실패 가능성이 매우 높으면서도 한 번 실패하면 재기하기 어려운 구조가 되어버렸다. 이미 자영업 문제는 경제 문제가 아니라 복지 문제가 되고 있다. 복지의 관점에서 풀지 않으면 답이 없다. 지금 상황이 어떠하든, 자의든 아니든 누구든지 자영업자가 될 수 있기 때문이다. 정부는 자영업 문제를 시장 관점에서 풀 것이 아니라 복지 관점에서, 좀더 적극적으로 풀어가야 할 필요가 있다.

우선 지방자치단체와 정부는 자영업 업종이 특정 업종에 쏠리지 않고 고르게 분포되도록 유도해야 한다. 물론 강제적으로 업종별 분포를 조정하는 방식을 말하는 것은 아니다. 우선 예비 자영업자들이 시장구조를 손쉽게 접할 수 있도록 제대로 된 정보를 제공해야 한다. 우리나라 자영업 전체 비중이 어떻다느니, 자영업자가 총 몇 명이라느니 하는 숫자들은 실제로 자영업에 뛰어들 수밖에 없는 사람들에게는 전혀 유익한 정보가 아니다. 이들에게 필요한 정보는 지역별 업종 분포이다. 네이버나 다음 등 포털 사이트에 가면 구 단위로 대충 정보를 얻을 수 있다. 그러나 그것도 범위가 너무 넓어서 그다지 도움은 안된다. 동 단위로 각 업종의 분포를 알 수 있어야 한다. 지역별 평균 임대료, 인구 수, 업종별 신규 점포 수, 폐업 점포 수 정도를 알 수 있다면 업종 선택에 큰 도움이 된다.

필자가 살고 있는 일산의 마두동이란 지역에는 최근 카페가 우후죽순 생겨나고 있다. 일산뿐만이 아니다. 수도권 내 거의 모든 블록마다 카페가 2~3개는 들어서고 있다. 이런 곳에서 카페를 해도 과연 잘될까라는 생각이 드는 장소에도 만들어진다. 여러 곳에 카페 골목이 생성되기도 하는데 과연 얼마나 지속될 수 있을지 의문이다. 카페 골목도 유행을 타는 경향이 있어서 잘못하다가는 권리금만 날리는 수가 있다. 이렇게 과도할 정도로 하나의 업종에 창업이 집중되는 현상을 정부가 단순히 시장원리에 맡긴다는 명분으로 가만히 둔다면 결국 빈곤층을 구조적으로 양산하는 결과를 가져온다. 이런 비합리적 쏠림 현상을 사전에 방지하는 첫번째 단추는 제대로 된 정보를 제공하는 것이다. 이런 작업을 하기 위해서는 상당한 초기 예산이 필요하다. 그러나 자영업 지원을 복지 관점에서 생각해본다면 정부 입장에서 충분히 해볼 만한 사업이다.

자영업의 생존율을 높이기 위해 필수적으로 점검해야 할 또 하나의 요소는 프랜차이즈 제도 정비라 할 수 있다. 프랜차이즈는 자영업 비율을 필요 이상으로 높이는 주원인이 되고 있다. 기업의 본질 중 하나가 이윤 창출이라는 것은 초등학생도 다 아는 답이다. 문제는 프랜차이즈의 이윤 창출 구조가 사회적 문제를 야기한다는 것이다. 사적 이익과 공익이 충돌할 때 권력을 위임받은 정부는 당연히 조정의 의무를 지닌다. 프랜차이즈 구조가 어떻게 사회적 문제를 야기할까?

카페의 경우를 살펴보자. 본사는 가맹비, 홍보비, 기기 설비, 인테리어 설비 등에서 이미 상당한 수익을 가져간다. 게다가 어떤 프랜차이즈는 보증금 명목으로 수천만원을 요구하기도 한다. 보증금은 원래 계약이 끝나면 돌려받는 것이지만 사실 수억원이 넘는 금액을 투자해놓고 계약 연장을 하지 않을 가능성은 거의 없다. 실질적으로는 권리금의 형태로 계속 이전이 되기 때문에 사실상 보증금도 본사의 현금 수익이라고 봐야 한다. 물론 회계상으로는 부채로 계상하거나 전체 보증금의 일정 부분을 현금으로 비축해야겠지만 마치 은행의 예금과 같이 부채지만 마음대로 쓸 수 있는 자산이나 다름없다.

개점 이후에도 본사는 커피 판매로 수익을 얻는다. 대형 프랜차이즈들의 커피 원가는 1kg당 1만원 혹은 그 이하로 추측된다. 보통 1만 3,000원에서 비싼 커피는 2만원 대를 웃돌기도 하지만 규모의 경제를 이용한 프랜차이즈의 구매 파워는 그만큼 원가를 낮추는 효과가 있다. 1kg당 1만원 전후로 커피를 구매하여 로스팅한 후 가맹점에 공급하는 가격은 꽤 높다. 각 브랜드 웹사이트에 공시된 매출 원가는 대개 30%를 웃돈다. 아메리카노 평균 가격을 3,500원으로 봤을 때 30%면 1,000원이 넘는 가격이다. 물, 얼음, 우유, 시럽 등 기타 다른 원가를 제한다 해도 상당히 높은 금액이 아닐 수 없다. 커피 한 잔을 만드는 데 보통 커피 20g을 사용한다. 커피와 기타 원료의 원가 비율을 5:5로 잡아도 커피 20g을 500원에 공급하고 있다는 계산이 나온다. 역산해보면 커피 1kg당 최소 2만 5,000원에서 3만 5,000원에 공급하고 있다고 보면 된다. 맛이 없다고 소문난 프랜차이즈 카페○○의 경우 로스팅된 커피의 원가가 2만원을 넘지 않을 것 같다. 만약 OEM 방식으로 커피를 공급하고 있다면 본사는 가맹점에 커피를 1kg 공급하면서 5,000~1만원을 남겨먹는 셈이다. 엄청난 수익이 아닐 수 없다.

기본 전제를 다시 한 번 확인하자. 수익을 많이 내는 것 자체가 문제될 수는 없다. 그런데 문제는 위에서 예로 든 프랜차이즈 구조가 자영업자를 무제한으로 양산해낸다는 것이다. 왜 그럴까? 핵심은 프랜차이즈 본사와 가맹주의 이해관계가 다르기 때문이다.

프랜차이즈 본사의 이익 구조는 두 가지로 나뉜다. 하나는 창업할 때 발생하는 수익이다. 가맹비, 인테리어, 기계 설비 등이 이에 해당한다. 또 하나의 수익은 가맹점이 운영을 할 때 나는 수익이다. 커피 등 원자재 판매 수익이 가맹점 운영 수익에 해당한다. 그렇다면 리스크는? 프랜차이즈 사업이 직면하는 대부분의 리스크는 초기 이름값 띄우기에 집중된다. 카페○○의 경우를 보면 유명 연예인을 동원한 대규모 마케팅 등 초기 비용이 엄청나게 들어간 것을 쉽게 알 수 있다. 비용뿐 아니라 노력도 엄청나게 들어갔을 것이다.

그러한 노력이 어느 정도 성공하면 그 다음부터는 말하자면 초기 투자로 확보한 마케팅 파워로 열매를 따는 시기가 온다. 지금 살아남은 프랜차이즈 카페들이 열매를 따고 있는 중이다. 그런데 그 열매 따는 방식이 문제다. 마케팅이라는 검을 쥐고 사업의 리스크를 거의 전부 가맹주에게 부담시킨다. 프랜차이즈 본사 입장에서는 가맹주가 장사를 못해도 크게 문제되지 않는다. 점포 수만 유지하면 된다. 가맹점을 한 장소에 내주고 근거리에 또 다른 가맹점을 내도 본사 입장에서는 전혀 문제가 안 된다. 오히려 그렇게 해서 다른 프랜차이즈 카페가 들어오지 못하게 하는 것이 본사 이익에 부합된다. 이미 눈치챘겠지만 이러한 구조가 가맹주들에게는 치명적이다. 같은 이름의 카페가 300m도 채 되지 않는 곳에 생겼다면 상당한 위협이 아닐 수 없다. 실제로 이런 경우가 많다. 포털 사이트에서 동네 이름과 카페 이름을 동시에 검색하면 그 동네에 얼마나 많은 카페○○가 있는지 볼 수 있다. 물론 프랜차이즈 본사도 상권 분석을 하겠지만 가맹주 입장에서는 결코 반갑지 않을 것이다. 이렇듯 본사와 가맹점 사이의 이해관계가 엇갈리는 구조가 자영업자를 무제한으로 생산해내는 매개로 작용한다. 그렇다고 프랜차이즈 본사가 부도덕하게 사업을 하고 있다는 이야기는 결코 아니다. 이것은 도덕적 잣대를 들이댈 수 있는 문제가 아니다. 어쩌면 프랜차이즈 본사는 너무나도 당연하게 그런 식으로 사업을 진행하게 된다. 물론 어떤 빵집은 같은 이름을 달고 길 건너 서로를 마주보는 경우도 있다. 이런 경우는 상도덕이 없는 것이므로 비난받아 마땅하다. 그러나 대부분의 경우에는 프랜차이즈 본사의 전략에 의해 자영업자가 무제한으로 생산된다.

필자가 대학을 다닐 때 '스타벅스'를 분석하는 리포트를 작성한 적이 있다. 자료조사 중에 인상적인 문구가 있었다. "카페를 창업할 때는 스타벅스 반경 500m 밖으로 피하라." 카페 창업 전략의 ABC 중 A에 해당하는 전략이었다. 서울에 와서 보니 스타벅스가 500m 간격으로 있었다. 아마도 대형 프랜차이즈들이 비슷한 전략을 쓰는 게 아닐까 싶다. 그래도 스타벅스는 100% 직영점이기 때문에 본사가 사업의 모든 리스크를 진다(한국 스타벅스는 이마트가 50%의 지분을 가지고 있어 미국의 시스템과 일치하지 않을 수도 있다). 그러니 스타벅스의 간격이 500m든 100m든 문제될 게 없다. 그러나 프랜차이즈는 다르다. 본사 입장에서는 그런 식의 전략이 유효할지 몰라도 가맹주 입장에서는 본사의 그러한 전략이 실패의 가능성을 높인다. 물론 커피에 대해서 잘 모르는 사람이 카페를 하기 위해서는 프랜차이즈의 도움을 받아야 하기 때문에 지불해야 하는 비용이라고 생각할 수도 있다. 그것도 맞는 이야기다. 그러나 정부는 그런 미시적 관점이 아닌 총론적 관점으로 구조를 바라봐야 한다. 편의점이나 치킨가게, 빵집 모두 마찬가지다. 본사 입장에서는 선점 효과, 독점 효과를 노리고 가맹점을 근거리에 내는 전략을 편다. 이러한 프랜차이즈 사업 구조가 자영업자를 무제한 생산하고 있어서 사회적 문제가 된다면 정부는 당연히 조정자의 역할을 해야 한다. 프랜차이즈 본사가 사업의 모든 리스크를 가맹점에 전가하지 못하도록, 즉 본사와 가맹점의 이해관계가 어느 정도 일치하도록 룰을 조정할 필요가 있다.

최근 정부에서는 치킨(호프) 프랜차이즈가 근거리에 같은 가맹점을 열지 못하게 하는 조례를 발표할 것으로 알려졌다. 너무나 단순한 접근법이 아닐 수 없다. 프랜차이즈 본사와 가맹점이 서로 리스크를 나눠갖는 방식으로 유도해야 한다.

프랜차이즈의 또 다른 문제는 지역경제의 해체를 야기한다는 점이다. 필자가 카페를 운영할 때 보면 동네 카페들은 코스트코 같은 대형 물류 유통점에서 필요한 물품이나 원자재를 구입하기도 하지만 상당 부분은 같은 지역 도·소매점에서 구매하는 경우가 많다. 급한 경우에는 주변 슈퍼마켓도 자주 이용한다. 그런데 프랜차이즈는 사업에 필요한 모든 품목이 본사의 영업 대상이기 때문에 지역 경제와 아무런 상관이 없는 소비 센터가 될 뿐이다. 자영업 풍토가 척박해진다는 의미는 지역에서 돈이 돌지 않는다는 말이기도 하다. 필자 생각에는 각 업종별로 프랜차이즈가 성행하면 그만큼 지역경제는 무너질 수밖에 없다. 지역에서 돈이 돌지 않기 때문이다.

자영업 생존율을 높이기 위해 꼭 필요한 세번째 조치는 임대료 및 권리금 구조를 바꾸는 것이다. 이 문제는 간단하면서도 빠른 해결책이 없다. 조세제도와도 관련이 있어 상당한 전문성을 필요로 한다. 필자는 사회 문제에 관심이 많고 오지랖이 쓸데없이 넓어 몇몇 시민단체의 운영위원으로 참여하고 있는데 그 중 하나가 토지정의시민연대라는 단체다. 이 단체는 18세기에 활동했던 경제학자 헨리 조지의 경제 사상을 한국적 상황에 적용하기 위해 노력하고 있다.

헨리 조지는 애덤 스미스와 카를 마르크스의 사상이 경제학을 양분하던 시대에 활동했다. 당시는 산업혁명이 한참 진행되던 시대라 생산성이 급격히 팽창하던 시기이기도 했다. 그러나 헨리 조지가 주목했던 것은 생산성의 증대도, 급격한 부의 팽창도 아니었다. 오히려 그는 산업혁명으로 인해 동일한 자원으로 엄청난 부가 창출됨에도 불구하고 농업시대보다 빈곤 문제가 더 심각하게 발생하는 현상에 주목했다. 그리고 저술한 책이 그 유명한 『진보와 빈곤』이다.

헨리 조지는 산업혁명 이후 도시에서 고질적인 빈곤이 발생하는 원인을 토지에서 발생하는 불로소득으로 파악했다. 그는 빈곤 문제뿐 아니라 자본주의 시스템이 주기적으로 붕괴되는 현상 또한 토지 불로소득에 기인한 것으로 본다. 이에 대해 헨리 조지는 토지에서 발생하는 모든 불로소득, 즉 임대수익을 세금으로 환수할 것을 주장한다. 얼핏 들으면 굉장히 파격적인 주장이지만 카를 마르크스의 사회주의 혹은 공산주의와는 근본적으로 다르다. 마르크스는 자본주의 자체를 변증법적 모순으로 파악했지만 헨리 조지는 자본주의 원리가 더 충실히 적용되기 위해서 토지 불로소득을 사회가 환수해야 한다고 주장한다. 그러니까 헨리 조지는 자유시장경제의 수호자였다. 더 확실한 자유시장경제를 위해 불로소득을 환수할 것을 주장한 것이다. 헨리 조지는 당시 주류 경제학으로부터 외면당했지만 그의 저서 『진보와 빈곤』은 100만부 이상 인쇄되면서 성경 다음으로 많이 팔린 책이 되었다.

헨리 조지를 소개하면서 한국적 상황에 어떻게 적용할 수 있을지 고민하는 책들이 몇몇 있는데 최근 대구가톨릭대학의 전강수 교수가 집필한 『토지의 경제학』이 훌륭한 입문서가 되지 않을까 싶다. 일독을 권한다. 특히 부동산 병이 심각하게 도져 있는 한국 상황을 생각해볼 때 헨리 조지가 제시한 해결책을 외면해서는 안된다고 생각한다. 그가 애초에 주장했던 토지 임대소득 전부를 세금으로 환수하는 방식이 아니더라도 다양하고 창조적인 방식으로 부동산 문제를 해결해나갈 수 있다. 자영업의 생존을 위협하는 임대료, 권리금 문제도 토지 문제에서 크게 벗어나지 않는다. 이 문제를 고민하면 할수록, 이 분야의 권위자들을 만나면 만날수록 헨리 조지의 제안이 한국적 솔루션의 기반이 될 수 있을 것이라 확신하게 된다.

사실 헨리 조지의 주장은 조금만 생각해보면 정말 상식적이다. 임대료, 권리금이 비싼 지역과 싼 지역을 비교해보자. 왜 임대료가 비쌀까? 유동인구가 많다. 사람이 많이 산다. 근처에 회사가 많다. 이런 대답은 너무 피상적이다. 더 본질적인 질문을 해보자. 왜 유동인구가 많고, 사람이 많이 살고, 근처에 회사가 많을까? 전혀 어려운 질문이 아니다. 넓은 도로가 있고, 근처에 지하철역이 있으며 학교가 좋거나 넓고 쾌적한 공원이 있기 때문이다. 즉 공공투자가 많이 된 곳의 땅값, 임대료, 권리금이 높다. 물론 그것만이 높은 임대료의 원인은 아니지만 공공 인프라가 좋은 지역이 아니면 임대료가 높게 형성되기 힘들다. 공공투자는 누구의 돈으로 하는가? 국민의 주머니에서 나온 세금으로 한다. 즉 세금으로 투자했는데 그 열매는 토지를 사적으로 소유한 토호 세력과 권리금 장사치들이 챙긴다.

헨리 조지의 주장은 간단하다. 공공투자로 발생한 투자 이익은 다시 공공이 거둬들여야 한다. 이런 관점으로 임대료, 권리금 문제를 바라보면 그 어려운 부동산 문제도 실마리가 보인다. 상가 권리금 문제와 관련하여 젊은 조지스트이자 '토지+자유 연구소'의 연구원인 조성찬 박사가 언론에 기고한 글을 소개하고자 한다. 박원순 시장의 서울시가 발표한 뉴타운 출구 전략에 대한 논평이다. 조성찬 박사는 임차권을 강화하고 그 대신 권리금 관행을 누그러뜨리는 해법을 제시한다. 긴 글이기 때문에 조금이나마 요약해보았다.

상가 세입자 권리금 문제, 어떻게 바라볼 것인가

박원순 시장 취임 이후 서울시는 소유자 중심에서 거주자 중심으로, 사업성과 전면철거 중심에서 공동체·마을 만들기 중심으로 도시재생 사업의 중심축을 전환하고 있다. 그런데 도시 재정비 사업 과정에서 발생하는 약자의 권리를 획기적으로 강화하고 있지만 상가 세입자의 권리금 문제는 해결하지 못하고 있다. 상가 세입자 권리금 문제로 인해 가령 서대문구 북아현동 뉴타운 지구에서 제2, 제3의 용산참사가 일어날 수 있음에도 불구하고, 서울시는 상가 세입자의 권리 보장을 위해 법 개정을 정부에 요청하겠다는 선언적인 약속만을 했을 뿐이다. 권리금은 창업자의 시장 진입을 가로막는 장벽이 되고 있다. 아울러 권리금의 가치가 정당한지를 계량할 객관적 제도나 장치도 전무해 이에 따른 피해가 속출하고 있다. 문제는 수많은 퇴직자, 창업자들이 권리금과 관련한 사고로 길거리에 나앉고 있는데도 정부 당국은 그저 팔짱만 끼고 있다는 점이다. 갈수록 중요해지는 권리금 문제를 결코 미루어서는 안된다.

상가 세입자 권리금이란

2011년에 점포 거래 전문기업인 점포라인이 서울 소재 2만 5,326개 점포를 분석한 결과에 따르면 중구의 연평균 권리금이 1억 3,492만원으로 서울시에서 가장 높았으며, 다음으로 종로구(1억 2,691만원), 구로구(1억 2,491만원), 강남구(1억 2,433만원), 서초구(1억 1,883만원) 순이었다. 강북권에 속한 구들의 순위가 강남구와 서초구에 비해 높았다는 점은 의외다. 이 분석 결과의 또 다른 특징은, 경제가 어려워지자 자영업자 수가 크게 늘어나 권리금도 높아졌다는 사실이다. 2010년에는 25개 구 중에서 권리금이 1억원을 넘는 구가 8개 구에 불과했는데, 2011년에는 17개 구로 2배 이상 늘었다. 그만큼 권리금 문제가 더욱 중요해졌다.

권리금은 크게 시설권리금, 영업권리금, 바닥권리금의 세 가지 유형으로 구성되어 있다. 여기서 바닥권리금을 조금 더 살펴볼 필요가 있다. 왜냐하면 시설권리금과 영업권리금은 그 개념과 대상이 명확한 반면, 바닥권리금은 그 속성상 토지분 임대료와 같은 성격이기 때문에 동일한 점포에서 임대료와 바닥권리금이 동시에 존재하는, 이해하기 어려운 현상이 발생하기 때문이다. 왜 이러한 일이 발생하는가? 업계의 설명에 따르면 보통 바닥권리금은 신축 상가나 새로 조성한 상업지에서 형성된다고 한다. 아마도 임대료 시장이 충분히 무르익기 전까지 바닥권리금이 형성·유지되다가 점차 임대료로 전환되는 것으로 보인다. 충분하지는 않지만 한 분석 사례도 있다.

최근 한 수익형 부동산 정보 분석기관이 서울과 수도권의 주요상권 10곳의 1층 점포(12평 기준)의 2012년 1월 시세를 조사한 결과에 따르면, 2010년 1월에 비해 권리금은 약 4,000만원 하락한 반면, 임대료는 500만원가량 상승한 것으로 나타났다고 한다. 그런데 한 가지 재미있는 사실은 강남, 명동, 종로의 대로변처럼 점포 경쟁이 심한 곳은 임대인이 1년 단위로 계약을 맺으면서 계약기간이 끝나면 임대료를 올린다고 한다. 임차권이 약한 상가 세입자들의 권리금 부담이 낮아지는 대신 임대료 부담이 가중되는 형국이다. 이러한 사례 분석을 종합하면, 경제가 어려워지고 점포 창업자가 늘어나면서 전반적인 권리금이 오르는 반면 입점 경쟁이 치열한 곳들은 바닥권리금이 임대료로 전환되면서 권리금이 오히려 내렸다고 해석할 수 있다.

권리금과 관련한 문제들

상가 세입자는 가게를 넘기면서 시설 투자금과 영업 노하우에 대한 대가를 요구하게 된다. 그런데 시장에서는 인정되는 권리금이 법적으로는 인정되지 않는다는 점에서 여러 가지 문제가 발생한다. 우선 다음 상가 세입자에게 권리금을 제대로 받을 수 있다는 보장이 없다. 계약기간 만료 후에 임대인이 재계약을 거부하고 상가를 철거해버린다면 임차인은 권리금을 날릴 수 있다. 도시재개발을 하여 상가 건물을 철거하는 경우도 권리금을 아예 받을 수 없다. 특히 문제가 되는 경우는 용산참사가 일어났던 경우처럼 도시재개발 등에 의해 강제 퇴거되는 경우, 토지보상법에 따라 상가 세입자가 보상받을 수 있는 범위는 철거, 이전기간 중 휴업 또는 영업 폐지에 대한 보상뿐이다. 상가 세입자에 대한 영업손실 보상의 경우 현행 '토지보상법 시행규칙' 제47조에는 3개월의 휴업 보상과 이전 비용 등을 지급하도록 규정되어 있으며, 대체매장 조성 비용, 권리금 보전액 등은 인정되지 않고 있다.

임차권 강화가 권리금의 실질적인 해결 방향

권리금은 다른 나라에는 없는 우리나라만의 관습이라고 한다. 외국에서는 점포나 비즈니스 권리를 거래할 때 매도자와 매수자를 대신해 변호사가 나서서 해당 점포의 납세실적을 바탕으로 점포의 가치와 거래액수를 산정한다고 한다. 일반적인 기업가치 평가와 비슷하다.

그러면 왜 우리나라에서만 권리금이 존재하는 것일까? 상가 세입자의 권리, 특히 임차기간 등이 세입자에게 너무 불리하기 때문이 아닐까? 즉 시설 투자하고 열심히 홍보하고 경영해서 유명하게 만들었는데, 임차기간 등이 세입자에게 너무 불리한 상황에서, 세입자들이 투자한 것들을 충분히 누리기도 전에 나가야 하는 일이 발생한다면 전 임차인이 권리금 형식으로 보상을 받으려는 것은 당연한 일이 아닐까? 이는 결국 세입자의 임차권이 지나치게 약하다는 문제에서 비롯된 것으로 볼 수 있다.

상당 기간 건물을 사용해야 하는 상가건물의 경우, 권리금 문제를 해결하기 위한 최선의 방안은 임차권에 대해 민법상의 지상권에 준하는 기간을 보장해주는 것이다. 이렇게 하면 세입자는 임차기간 영업이익으로 시설권리금과 영업권리금을 충분히 보상받을 수 있게 된다(불충분하긴 하지만 실제로 '상가임대차보호법'에서 5년의 임차기간을 보장하고 있다). 대신 세입 상인은 임대기간 종료와 동시에 모든 권리금을 포기할 각오를 하고 시설투자와 영업을 해야 한다. 다만 임차기간이 종료되기 전에 점포를 비워야 한다면 비우도록 한 주체(임대인, 조합 또는 지방정부)는 남은 기간에 해당하는 시설권리금과 영업권리금을 반드시 보상해주어야 한다.

정당한 보상은 '사후 보상'이 아닌 '사전 보장'을 핵심으로 해야

정당한 보상은 사후 보상이 아닌 '사전 보장'을 핵심으로 해야 한다. 그러기 위해서는 세입자의 임차권을 지상권 수준으로 강화하여 개인의 재산권에 해당하는 시설권리금과 영업권리금을 보장해주어야 한다. 대신 임대료로 전환되지 못한 바닥권리금은 지역 상권과 도시공동체가 함께 창출한 것이기 때문에 조세로 환수해야 한다. 물론 임대인이 그동안 누려왔던 임대료 중에서 사회공동체가 창출한 토지분 임대료 역시 환수의 대상이 된다. 이렇게 하면 그동안 유통되었던 바닥권리금이 더 이상 시장에서 존재하지 못하게 되어 거래의 대상이 되지 못한다.

-〈프레시안〉 2012년 2월 9일자 요약

필자는 영업권리에 대해서도 점차 사라지게 하거나 법적 근거를 마련해서 금액을 지금보다 현저히 낮춰야 한다고 생각하지만 전반적으로 조성찬 박사의 의견에 동의한다. 가장 시급한 것은 논의가 빨리 마무리되어야 한다는 것이다. 이미 오래 전부터 권리금 문제가 사회적 문제로 떠올랐지만 논의가 미흡한 것은 조성찬 박사의 지적대로 그 해결책이 필연적으로 임차권 보호로 흐를 수밖에 없기 때문이 아닐까 생각한다. 기득권 세력을 대변하는 정치권이 이 문제를 심도 있게 다루기가 쉽지 않을 것이다. 그러나 누군가는 이 논의를 시작해야 한다. 단언컨대 부동산 문제를 건드리는 정치인이 있다면 그는 서민의 편이다. 높은 임대료에 대해서도 적절한 논의를 통해 합리적인 방안이 마련되어야 한다. 어느 사회든 불로소득이 높으면 생산성은 떨어지게 되어 있다. 불로소득의 상당 부분을 세금으로 환수하고 임차인에게 세금 부담을 전가시키지 못하게 하는 방식으로 조세구조를 바꾼다면 임대료 문제도 상당 부분 해결되지 않을까? 물론 정책을 실행하는 단계에서 세밀한 구성과 노력이 필요할 것이다. 아무튼 이 문제들을 해결하지 않고서는 자영업자의 위기를 논한다는 것 자체가 모순이다.

● 죽어도 사수해야 하는 자영업 원칙

도깨비 커피집 사장님의 커피 철학

1. 재무적으로 생각하라

기업에서 어떤 프로젝트를 수행할지 결정할 때 가장 중요하게 고려하는 점은 현금흐름이다. 사실 너무 당연한 이야기다. 나가는 돈보다 들어오는 돈이 더 많아야 사업 가치가 있다. 이를 경영학 용어로 NPV(Net Present Value, 순 현재 가치)라고 한다. NPV를 계산해서 양의 값이면 사업을 수행할 가치가 있고 음의 값이면 수행하지 않는다. 경영학 시간에나 배울 만한 원리들을 장황하게 늘어놓지는 않겠다. 그러나 자영업자로 살아가려면 경영학개론 정도는 한 번 읽어보는 것이 좋겠다. 여기서는 간단한 예만 살펴보도록 하자.

NPV 계산에서 가장 중요한 요소는 시간 가치다. 이것도 생각해보면 상식적인 이야기인데 사람들은 이 부분을 고려하지 않는다. 개념은 간단하다. 오늘 내가 가지고 있는 100만원과 내년에 들어올 100만원의 가치는 동일하지 않다. 미래의 100만원이 현재의 100만원보다 가치가 떨어지는 것은 당연하다. 얼마만큼? 최소한 은행 이자율만큼 차이가 난다. 오늘 100만원을 은행에 입금하면 1년 후에는 105만원이 된다. 즉, 1년 후 105만원은 현재의 100만원과 가치가 같다. 그렇다면 1년 후 100만원은 현재 얼마의 가치를 가질까? 미래 현금흐름을 현재 가치로 계산하기 위해 사용하는 비율을 할인율이라고 한다. 똑같이 5%로 잡아보자. 그럼 100만원을 1.05로 나눠주면 된다. 95만원 정도다. 2년 후의 100만원은 현재 얼마의 가치를 지닐까? 100만원을 1.05로 두 번 나눠주면 된다. 대략 90만원이다. 간단해 보이지만 실제 상황에 적용하려면 상당한 공부가 필요하다. 이 정도 공부도 하지 않고 사업에 뛰어드는 건 좀 아니라고 본다. 공부한다는 생각으로 조금 더 어려운 예를 들어보자.

오늘 1억원을 들고 있는 나에게 세 가지 투자 선택이 주어졌다. 첫번째 투자처는 3년차까지 아무런 수익이 나지 않지만 4년, 5년차에 6,500만원의 수익이 나는 경우. 두번째는 매년 2,500만원씩 5년간 수익이 나는 경우. 세 번째는 1,2년차에는 수익이 없고 3년차부터 5년차까지 4,000만원의 수익이 나는 경우다. 세 경우 모두 5년차에 투자 원금의 50%를 돌려받는다. 여러분은 어디에 투자하겠는가? 경영학개론 수준의 강의를 한 번도 들어보지 못했다면 상당히 어려운 문제일 수 있다. 재무계산기의 도움을 받아 계산해보면 정답은 두번째, 매년 2,500만원의 수익이 나는 경우다. 가장 수익이 낮은 경우는 세번째다.

계산 방법은 앞에서 설명한 방식대로 매년 발생하는 현금 흐름을 5%로 할인해서 현재 가치로 환산한다. 시간 가치를 고려하지 않고 금액만으로 보면 첫번째 경우가 가장 돈을 많이 번다. 그러나 시간을 고려했을 때는 두번째 투자처가 더 매력적이다. 눈치 챘는지 모르겠지만 할인율이 높으면 높을수록 초기에 현금흐름이 많이 발생해야 유리하다. 예제로 돌아가서 할인율이 5%였을 때는 첫번째 경우가 세번째 경우보다 더 매력적인 투자처지만 할인율이 높아질수록 역전된다. 다시 말해 할인율이 높다는 것은 미래에 발생할 수익의 가치가 그다지 매력적으로 느껴지지 않는다는 뜻이다. 생각해보면 당연한 논리다. 미래에 발생할 수익이라는 것은 신기루와 비슷하다. 사업을 시작하면서 1,2년차에는 수익이 안 나지만 3년차부터는 수익이 많이 날 것이라는 기대는 사막 한가운데에서 조금만 더 걸어가면 오아시스가 나올 것이라고 기대하는 것과 별반 다르지 않다.

각종 프랜차이즈 사이트에 가보면 예상 수익이라는 수치가 공개되어 있다. 대박 사례들이 나열되어 있기도 하다. 전부 신기루의 묘사일 뿐 현실에 대한 설명은 아니다. 사업을 시작하려면 철저하게 재무적으로 생각해야 한다. 사업 1년차부터 5년차까지의 현금흐름을 현실적으로 그려보고 초기 투자비용 대비 NPV가 합리적으로 나올 경우에 사업을 시작해야 한다. 누가 대박이 났다든지, 1,2년 고생하면 좋아질 것이라든지, 잘나가는 프랜차이즈 가맹점을 열면 손가락 빨지는 않겠지 하는 마음으로 사업을 시작하면 자신의 삶을 운명에 맡겨버리는 꼴이 된다.

재무적 사고를 현실에 적용해보자. 치킨집을 열려고 한다. 고민 끝에 현재 1위라고 광고하는 BHC치킨집을 선택했다. 홈페이지에 가보니 49.5평방미터(15평) 기준으로 4,800만원의 비용이 들어간다고 소개되어 있다(2012년 기준). 물론 부가가치세는 별도고 시설비용은 포함되지 않은 금액이다. 초도 물품에 들어가는 비용도 꽤 된다. 게다가 권리금, 보증금까지 생각하면 대략 1억원이 든다. 홈페이지에 소개된 그대로 믿을 수 있을지는 잘 모르겠으나 거의 최소비용이라 생각하면 무난할 듯 싶다. 그럼 현금흐름이 어떻게 발생해야 재무적으로 투자할 만한 가치가 있을지 생각해보자. 즉 NPV가 플러스로 되기 위해서는 월 수익이 얼마나 나야 할까? 우선 재무적으로 생각한다는 것의 의미에서 내가 몇 시간이고 일한 노동의 대가는 NPV 계산에서 고려 대상이 아니다. 다시 말해 이 치킨집 사업에 나는 순전히 투자자로만 참여한다고 생각해야 한다. 물론 인건비의 기준은 사람마다 다를 것이다. 어쨌든 본인이 생각하는 인건비를 초과 달성한 금액이 진정한 의미의 투자 수익이다. 쉽게 이런 식으로 생각해볼 수도 있다. 직접 가게를 오픈했을 때 필요한 노동시간만큼 다른 치킨집에서 아르바이트로 일하면 월급을 받는다. 최소한 내가 다른 치킨집에서 받는 월급과 가게를 개점한다면 필요한 1억원을 은행에 넣었을 때 얻을 수 있는 수익을 합한 것보다는 운영수익이 훨씬 많아야 한다. 너무 당연하지 않은가? 돈은 은행에 맡기니 위험이 전혀 없고, 다른 가게에서 아르바이트로 일하는 것이나 실제 내 가게를 오픈하는 것이나 노동시간은 동일하지만 직접 가게를 운영하면 '경영'이라는 요소까지 더해지니 훨씬 더 스트레스를 더 받게 된다. 위험 측면에서 봐도 아르바이트하면서 월급 떼이는 것보다는 경영하면서 돈 날릴 위험이 월등히 크다.

그럼 한번 계산해보자. 만약 본인이 직접 치킨집을 운영하면 노동시간이 최소한 하루 12시간이다(아니 초과할 가능성이 매우 높다). 보통 연중무휴, 쉬는 시간도 없다. 최저임금 기준으로 생각해봐도 연 2,000만원이 넘는다. 게다가 치킨집은 보통 혼자가 아닌 부부가 함께하는 경우가 많은데 그렇다면 연 4,000만원으로 계산해야 한다. 여기에 1억원에 대한 은행이자를 더하면 된다. 연 5%로 계산하면 연 이자가 500만원이다. 즉, 1년에 4,500만원 이상 벌지 못하면 치킨집을 열어서는 안된다. 아르바이트로 일하면서 1억원을 은행에 넣어두고 이자를 받는 것은 아무런 위험이 없지만 1억원을 투자하면 전부 다 날릴 가능성도 있기 때문이

도표 7] **치킨집으로 꼭 벌어야 하는 최소한의 돈은?**

가족 근무(2명) = 4,000만원[12시간 근무(최저임금 기준) = 약 2,000만원]
1억 은행 이자(5%) = 연 500만원

∵ 이 가족의 생활비와 가게 운영비까지 생각하면 반드시 연 4,500만원(월 375만원) 이상은 벌어야 한다.

다. 그런 위험을 감수하면서 사업을 시작하는데 은행이자와 아르바이트비를 더한 것보다는 더 벌어야 하는 게 너무 당연하지 않은가. 연 4,500만원이면 월 375만원이다. 그러니까 1억 원을 들여서 치킨집을 열려면 한 달 수입이 최소 400만원은 되어야 한다. 사업 초기에는 그 정도의 수익을 기대하기 어렵기 때문에 2,3년차 수익이 그보다 훨씬 좋아야 한다. 치킨 팔아서 남는 돈으로 임대료, 인건비 내고 그 정도 남길 수 있다면 사업을 시작해도 좋겠다. 물론 남의 가게에서 일하는 것과 내 가게를 가지고 있는 것은 기분상 다르다. 재무적 사고는 그런 기분까지 고려하지는 않는다. 이렇게 생각할 수도 있다. 가게를 가지고 있으면 잘 운영해서 비싸게 팔아먹을 수 있지 않을까 하는 기대 말이다. 권리금 장사를 하겠다는 건데 투자금액을 모두 말아먹을 수 있는 리스크도 항상 생각해야 한다. 재무적 관점에서 매력적이지 않은 투자는 권리금 장사하기도 힘들 가능성이 높다. 사업을 시작하는 사람에게 재무적 관점은 기본 중의 기본이라 하겠다.

2. 부동산은 발로 정복한다

어떤 지역의 매장 정보를 얻기 위해서는 보통 부동산 사무실을 먼저 찾는다. 이미 설명했듯이 중개인을 통해 시장에 접근하면 왜곡된 선입견을 갖기 쉽다. 부동산 중개인의 목표는 자영업자의 성공이 아니라는 사실을 기억해야 한다. 특히 공간을 기반으로 하는 음식점, 카페, 호프집, 편의점 등은 후보 지역을 발이 부르트도록 돌아다녀야 한다. 누구나 자영업을 시작하려 할 때는 그런 각오를 한다. 그러나 정작 실천하는 사람은 별로 없다. 그런 의지가 있어도 무슨 생각을 하면서 돌아다녀야 할지 잘 모르기 때문이기도 하다.

우선 데이터를 수집해야 한다. 본인이 직접 돌아다니며 수집한 데이터들을 나름대로 해석한 후에 부동산 중개인을 만나야 비로소 균형잡힌 판단을 할 수 있다. 필자 생각에 수집해야 할 가장 중요한 정보는 주변에 사무실이 얼마나 되는가이다. 식당이건, 카페건, 호프집이건 자영업자의 고객은 일반적으로 월급쟁이다. 필자는 특정 지역의 임대료가 적정한지를 살펴볼 때 반경 500m 안의 월급쟁이 수를 기준으로 본다. 가령 카페를 차리려고 하면 반경 500m 안에 얼마나 많은 직장인들이 있으며 몇 개의 카페가 그 반경 안에 있는가를 조사한다. 직장인 수를 계산하는 방법이 그리 간단치는 않다. 엄청나게 돌아다녀야 한다. 가장 원시적이지만 추천하는 방법은 조사 지역 내 건물들을 전부 돌아다니면서 확인하는 것이다. 사무실의 크기를 사람 수와 비례해서 생각하면 앉아서 지나다니는 사람의 머릿수를 세지 않아도 알 수 있다. 그렇게 돌아다니다보면 직장인들의 점심, 저녁 동선을 알 수 있고 새로운 아이디어가 떠오르기도 한다.

그 다음으로 체크할 것은 유동인구다. 사실 유동인구에는 허수가 많다. 이 허수가 임대료를 올리는 가장 큰 요인이다. 필자는 유동인구를 체크할 때 길거리를 지나다니는 사람 수보다는 각 업종별로 매장에 들어가는 수는 셈한다. 편의점이면 그 근처 편의점 앞에 죽치고 앉아서 몇 사람이나 들어가는지 세어보는 것이다. 근접한 편의점 네다섯 곳을 그런 식으로 조사하고 나면 대충 편의점 유동인구의 윤곽이 드러난다. 카페도 마찬가지다. 인접 카페 서너 개를 골라서 반나절씩 들어오는 사람 수를 세어보면 얼추 그 동네 상권분석이 된다. 길거리 돌아다니는 사람 수를 세어서는 별 도움이 안된다. 업종별 고객 수를 세어보는 것은 재무적으로도 의미가 있다. 실제 내가 가게를 시작했을 때 발생할 매출의 객관적 기준이 된다. 보통 가게를 열면서 근거 없는 기대를 갖는 경우가 정말 많다. 편의점을 개점하려 계획한다면 인근 편의점의 평균 매출을 꼭 점검해야 한다. 새로 오픈할 가게는 인근 평균보다 못할 가능성이 높다. 왜냐면 내가 한 곳을 더 열게 되면서 평균을 깎아먹기 때문이다. 카페, 호프집, 치킨집도 마찬가지다(음식점은 조금 다를 수 있겠다).

유동인구가 많은 지역이 아닌 동네에 가게를 차릴 예정이라면 기본적인 수요조사를 해야 한다. 동네 수요조사는 쉽다. 필자가 사는 동네 바로 앞에 '마미스'라는 치킨호프집이 들어왔다. 테이블 서너 개 있는 작은 가게다. 동네 형님과 들렀는데 카운터에 아주머니가 있었다. 아들이 도와주는 듯했다. 생계를 위해 시작했다고 한다. 인테리어라고 별로 한 것도 없는 것 같은데 12평짜리 매장에 6,000만원이 들었다고 한다. 생각보다 장사가 잘 안되어서 걱정이란다. 아들 대학 등록금에 약간이라도 보탬이 될까 했는데 장사 때문에 오히려 아들이 휴학을 했단다. 참 안타까웠다.

장사가 힘든 것은 너무 당연하다. 동네 가게를 하려면 일단 동네에 치킨을 먹을 만한 사람이 얼마나 되는지 세어봐야 한다. 그리고 그 수요를 얼마나 많은 치킨집이 분할하고 있는지를 보면 얼추 장사가 얼마나 될지 안될지 그림이 나온다. 앞에 말한 '마미스'에서 조금 걸어가면 126세대 빌라가 있다. 길 건너에도 130세대 빌라가 있지만 기본적으로 길을 건너게 되면 이미 수요층이 아니다. 길 건너에도 호프집이 많다. '마미스'가 있는 블록에는 70개 남짓 단독건물들이 늘어서 있다. 1층에는 자영업자들이, 2, 3층에는 전월세를 사는 단독건물들이다. 같은 블록에 거주하는 사람들이 얼마나 되는지 계산해보자. 넉넉잡아 건물당 다섯 가정이 거주하는 것으로 보면 350세대다. 빌라와 합해 총

470세대 남짓 살고 있다. 이 사람들이 치킨과 맥주를 얼마나 마실까? 아주 너그럽게 잡아 모든 가정이 일주일에 한 번은 꼭 치킨을 먹는다고 치자. 2마리씩 나가면 일주일에 900마리 정도다. 그 구획에 치킨집이 몇 개가 있는지 세어보자. 끝에서 끝까지 걸어서 10분도 안 걸리는 구획 안에 치킨호프집이 무려 9개가 있다. 너무 많지 않은가 싶다. 차라리 아파트 단지였으면 치킨집이 들어올 자리가 없어서라도 이렇게 많지는 않을 텐데 자영업 블록이라 그런지 생각보다 많았다. 그럼 한 가게당 평균 100마리 정도 팔 수 있다는 말인데 사실 작은 '마미스'는 100마리를 팔기도 힘든 상황이다. 블록 안에 있는 9개의 호프집 중에 2개는 규모도 크고 깔끔하다. 꽤 오래 됐다. 10분 정도만 걸어가면 큰길가에 대형 호프집이 또 하나 있다. 월 매출 400만원씩 올려도 원자재, 임대료, 본사에 줘야 하는 수수료를 빼면 월 200만원 벌기도 힘들 텐데 실제 매출은 그 절반이나 될까? 한 가정이 매주 2마리씩 주문한다는 것도 상당히 무리한 가정이 아닐 수 없다. 그나마 배달은 아들이 하니 인건비가 안 들지만 배달 아르바이트까지 고용했다면 월 100만원도 남기기 빠듯한 상황이다. 비록 얼추 계산한 것이지만 실제 상황과 크게 벗어나지 않을 것이다. 심지어 주인 아주머니는 가게 안쪽에 4평 남짓한 방을 만들어놓고 거기서 생활한다고 한다. 삶이 정말 고달파 보인다.

유동인구가 밀집해 있는 지역이나 동네는 이런 식의 데이터를 수집하면 어느 정도 객관적인 평가 잣대가 생긴다. 그런 의미에서 홍대 정문 주변, 신촌 등 유동인구는 많으면서 주변 사무실이 별로 없는 지역은 초보 자영업자에게 추천하지 않는다. 그런 곳은 장사보다는 권리금 장사를 목적으로 뛰어드는 사람이 더 많다. 같은 이유로 카페들이 몰려 있는 일명 '카페 골목'도 조심해야 한다. 새롭게 생겨나는 카페 골목들을 돌아다녀보면 한두 카페가 유명세를 타는 반면 대여섯 개는 대책없이 비어 있는 경우가 많다. 시장의 원리라고 치부하기에는 실패율이 너무 높다. 대체로 그런 '○○골목'이 형성되는 경우 처음 들어온 사람들 빼고는 고생하는 자영업자가 많다. ○○골목이라는 타이틀을 얻고 나면 권리금과 임대료, 보증금 등 초기 투자비용과 고정비용이 치솟기 때문이다. 합정동 카페 골목처럼 오랜 시간(그래 봐야 5년 내외) 상권을 이뤄온 곳은 권리금이 20평 기준 8,000만원에서 1억 5,000만원 사이이다. 필자가 보기에 보증금까지 생각하면 그런 초기비용을 감수하면서 들어갈 자리는 아니다. 왜냐면 장사 잘되는 곳은 매물로 나오지 않을뿐더러 장사가 잘 안되어서 매물로 나온 매장을 살리기는 처음 시작하는 것보다 몇 배는 더 힘들다. 이미 권리금 장사치들이 '단물'을 다 빼먹고 남은 것은 박한 노동의 대가뿐이다.

장소를 정하는 것은 신중의 신중을 기해야 한다. 되도록 잘 아는 지역을 고르는 것이 좋다. 몇 번이고 돌아다니면서 어느 매장이 가장 좋은지 순위를 매기는 것도 한 방법이다. 각 매장마다 장점과 단점을 수첩에 적으면서 보증금, 임대료, 권리금 수준이 어느 정도면 적당할지 나름의 기준으로 측정하고 기록해놓는다면 상당히 도움이 된다. 그런 다음에 부동산 중개인의 도움을 받아야 한다. 부동산 중개인도 한 사람만 만나면 안된다. 같은 물건이라도 여러 중개인의 평가를 듣는 게 좋다. 거듭 강조하지만 중개인의 평가는 참고사항일 뿐이지 사실이 아니다. 조사는 상당히 오랜 동안 진행해야 한다. 할 수만 있다면 1년 이상 데이터를 수집해야 한다. 같은 기준으로 4계절을 모두 돌아봐야 비로소 정확한 평가를 내릴 수 있기 때문이다. 언론 기사를 보니 자영업 창업 준비기간이 평균 6개월이 안된다고 한다. 너무 짧은 시간이다.

수원에 '우리동네카페'라는 유명한 지역형 사회적기업 카페가 있다. 대표님이 좋은 위치 정하기로 유명한 분이다. 가장 최근에 연 매장에서 만났을 때 어떻게 이 장소를 골랐느냐고 물어봤다. 답은 "이곳을 3년 전에 봤어요"였다. 매장 선정이 얼마나 중요한지 보여주는 좋은 예다. 3년 전에 봤다는 의미는 두 가지다. 그만큼 위치 선정에 신중을 기했다는 것이고 또 하나는 좋은 장소를 미리 선정해놓고 장소를 확보할 수 있을 때까지 기다렸다는 뜻이다. 생계를 위해 장사를 곧 시작해야 하는 사람들에게는 어려운 주문일 수 있겠다. 그러나 준비 시간이 길수록 생존의 가능성도 높아진다. 되도록 짧은 시간 안에 결정해야 하는 상황이 되지 않도록 계획을 세워야 하겠다.

3. 업에 충실하라

많은 직장인들이 아담하고 예쁜 카페를 꿈으로 생각한다. 이유야 여러 가지겠지만 두 가지로 축약할 수 있을 것 같다. 하나는 커피의 매력이다. 커피는 정말 신기한 음료다. 생산지마다 맛이 다르고, 어떻게 내리느냐에 따라 맛이 다르다. 다른 음료와 함께 어우러져서 전혀 새로운 음료가 탄생하기도 한다. 커피의 매력은 구체적인 데이터로도 나타난다. 세계적으로 국제무역에서 가장 많이 거래되는 품목은 석유다. 2위는? 자동차, 선박, 컴퓨터, 휴대폰? 아니다. 다름 아닌 커피다. 전 세계적으로 연간 750만 톤이 소비되는 것으로 추정되는데 최근 불경기에도 불구하고 계속 늘어나는 추세다. 우리나라 국민들도 커피를 정말 많이 마신다. 2011년 기준으로 8만 5,000톤의 커피를 소비했다고 한다. 실로 엄청난 양이다. 우리나라의 재미있는 특징은 봉지커피의 비중이 높다는 것인데 점차 원두커피의 비중이 늘어날 것으로 예상된다. 그런 의미에서 커피 산업은 아직도 성장할 가능성이 있다.

그런가 하면 카페의 공간적 특성도 매력적이다. 필자가 커피

역사에 대한 책을 읽고 가장 재미있게 생각했던 내용은 영국, 프랑스, 독일, 이탈리아 등 유럽 각지에 커피가 소개되고 카페라는 장소가 처음 만들어질 무렵 왕들은 카페를 무척이나 싫어했다는 것이다. 그 전에는 사람들이 술집에 모였기 때문에 알딸딸한 상태에서 서로 얘기를 주고받았는데 카페가 만들어지고부터는 사람들이 멀쩡한 정신으로 모이기 시작했다. 맨정신에 사람들이 모이니 사회 체제, 정치에 대해서 이야기하게 되고 결국 민주주의에 대한 열망이 카페를 통해 터지기 시작했다. 왕들이 좋아할 리가 없었다. 유럽 열강의 왕들은 다들 어쩌면 그렇게 비슷했을까? 열강 제국들은 카페를 강제로 폐업시키는 법령을 공표하기에 이른다. 영국, 프랑스, 이탈리아, 독일 모두 카페를 강제 폐업시킨다. 필자는 그런 카페의 역사를 읽으며 무릎을 쳤었다. '바로 이거다.' 카페의 역사를 '소셜'로 해석했고 소셜미디어의 폭발적인 성장과 더불어 오프라인 소셜 공간으로서의 카페를 디자인하게 되었다. 물론 공간에 대한 필자의 해석이 옳다거나 다른 류의 해석보다 더 우세하다는 것을 주장하지는 않겠다. 카페를 한 개인의 오픈 공간으로 생각할 수도 있고 개인적인 만남의 장소로 생각할 수도 있다. 그것이 무엇이든간에 운영자 나름대로 업의 본질을 꿰뚫고 해석해서 구현하는 것이 자영업의 핵심이라는 것이다.

필자가 프랜차이즈를 달갑잖게 생각하는 것은 앞서 설명한 구조적 모순 때문이기도 하지만 업의 본질을 공부하고 구현해내는 노력을 프랜차이즈에서는 찾아볼 수 없기 때문이기도 하다. 프랜차이즈는 일종의 성공(생존) 매뉴얼을 제공하고 그대로 따라할 것을 강요한다. 몇 년에 한 번씩 새로운 인테리어를 강요하는 행태는 그 자체로도 비도덕적이지만 자영업자가 스스로 고민하고 업의 본질을 구현해내는 노력을 원천적으로 차단한다는 점에서 매우 부적절하다.

필자는 모든 공간에 스토리가 구현되어야 한다고 주장한다. 그게 무엇이 되었든 자自영업이면 자아自我가 드러나야 한다. 편의점을 해도 유통업에 대한 주인장의 고민과 해석이 그 작은 공간을 통해 나타나야 한다. 단순히 생존을 위한 방법론을 이야기하는 것은 아니다. 삶의 방식과 성공의 잣대에 대해서 말하고 있다. 무엇이 자영업자의 성공인가? 업의 본질을 얼마나 충실히 드러내느냐가 성공의 기준이라고 생각한다. 그래야 삶이 더 재미있고 보람있다. 일과를 끝내고 물건을 얼마나 팔았는지 셈하는 것이 장사의 목적이 되어버리면 하루 일과가 얼마나 무미건조하고 재미없을까? 고객과의 관계는 '돈' 그 이상, 이하도 아닌 삭막한 관계가 될 것이고 공간은 그저 돈을 벌기 위한 수단에 지나지 않을 것이다. 돈을 벌어서 쓰는 재미도 있겠지만 업의 본질 자체가 주는 재미를 발견해야 장수할 수 있을 것이라 생각한다.

필자가 방문했던 여러 자영업자들 가운데 업의 본질을 잘 구현하고 있다고 생각되는 두 집을 소개하고자 한다. 첫번째 집은 카페다. 이름이 독특하다. '도깨비 커피집'. 홍대 전철역 근처 연남동에 위치한 카페인데 일부러 찾아간 것은 아니었다. 상권 분석을 위해 10km쯤 걸어 다니면서 우연히 보게 되었다(알고 보니 나름 유명한 집이었다). 이름이 하도 재미있어서 들어갔는데 공간은 아담했다.

아저씨 한 분이 지키고 계셨다. 작은 테이블 서너 개와 바가 있었는데 바 너머에 커피 관련 용품이 여럿 있었다. 특이한 점은 에스프레소 기계는 보이지 않았다. 주인장 아저씨와 이런저런 이야기를 나눴다. 왜 도깨비집이냐고 물었더니 자신에게 커피는 도깨비 같은 존재란다. 알 것 같으면서도 모르겠고, 모르겠다 싶으면 갑자기 깨달음이 온다고 한다. 에스프레소 기계를 두지 않은 이유는 '아메리카노'로 대표되는 커피의 유행에 따라가지 않기 위해서란다. 자신은 손으로 직접 내려주는 커피를 고수할 것이라고 했다. 커피의 다양성을 '아메리카노' 한마디로 사라지게 만드는 작금의 커피 문화가 마음에 들지 않는단다. 메뉴를 보다가 안티구아를 싸이폰 방식으로 내려달라 했다. 싸이폰 방식은 번거로워서 그런지 커피집에서 자주 볼 수 없는 방식이다. 싸이폰 방식에 대한 자세한 설명과 함께 꽤 맛있는 커피를 내려주었다. 커피를 마시면서도 여러 이야기를 나눴다. 커피 산업이 어떻게 변할지, 커피를 잘 내리기 위해서는 어떤 마음가짐을 가져야 하는지, 공정무역에 대해서는 어떻게 생각하는지 등등 커피 관련 이슈에 대해서 거침이 없었다. 고민이 많았다는 증거다. 유동인구가 많은 상권에서 다소 떨어진 장소에 아담한 커피집을 하는 것에 대해 조금의 아쉬움도 없는 듯했다. 커피로 대박을 내려는 생각 자체가 틀렸단다. 지금 미친 듯 불고 있는 카페 붐이 2~3년 후에는 훅 꺼질 것이라며 그제야 비로소 한국에도 커피 문화라는 것이 잡히지 않을까 전망했다.

'도깨비 커피집'에서 발견한 업의 본질은 '커피의 다양성'이었다. 연남동에 거의 처음 생긴 커피집인데 카페 광풍이 불면서 연남동에도 상당히 많은 커피집이 들어선 것을 볼 수 있었다. 그만큼 매출은 줄어들었을 것이다. 그러나 '도깨비 커피집' 사장님은 자신이 추구하는 업의 본질을 더 심화하는 방식으로 어려움을 극복하는 듯했다. 무엇보다 커피에 대한 확신과 자부심을 대화 곳곳에서 느낄 수 있었다. 먹고살기 위해 커피를 내리는 것이 아니라 커피를 내리기 위해 먹고사는 사람이었다. 그런 사람에게는 불경기가 찾아와도 돌파해내는 역동성이 있다. 오해하지 말았으면 좋겠다. 불경기가 와도 여전히 돈을 많이 번다는 뜻이 아니다. 경제적으로는 부족하겠지만 그것이 삶의 지경을 위축시키지는 못한다는 뜻이다.

업의 본질을 잘 드러내는 두번째 가게는 충정로에 있었다. 이름이 '○○○해물뚝배기'인데 인터넷에 검색해보면 칭찬이 자자한 집이다. 필자는 지인의 소개를 받아 평일 점심에 방문했는데 오후 한시가 약간 넘는 시간이었다. 역시 아담한 사이즈의 식당이었다. 직장인들 점심시간을 일부러 피해서 갔는데도 사람들이 줄을 서 있어서 역시 유명한 집이라는 것을 실감할 수 있었다. 겉모습에서 특이한 점은 없었다. 다만 근처에 위치한 회사들의 이름을 나무판에 손으로 직접 써서 붙여놨다. 별 뜻은 없고 자주 오는 고객들에 대한 서비스 차원이라 했다. 가게를 소개해준 지인과 20분 정도 기다리며 담소를 나누고 있는데 갑자기 직원이 나와서 한다는 말이 '해물이 다 떨어져서 오늘 점심은 여기까지'라는 것이다. 일산에서 일부러 찾아왔는데 이게 웬 날벼락인가! 소개해준 지인도 충격에 빠졌다. 말 붙이는 데 일가견이 있는 분이라 가게에 들어가시더니 들어오라고 손짓한다. 일산에서 찾아왔다는 말에 딱 두 그릇 무리해서 내주겠다고 하셨단다.

매장에 들어가보니 첫인상은 일반적인 해물탕 집과 별반 다를 바가 없었다. 그런데 자세히 들여다보니까 곳곳에 이 가게만의 디테일한 특색들이 드러났다. 우선 그날 제공하는 해물들의 상태를 종류별로 A, B, C 등급으로 매겨놨는데 C등급이 매겨 있는 종은 그날 먹지 말라는 뜻이나 다름없었다. 뿐만 아니라 해산물 원가가 모두 공개되어 있다. 또 눈에 띄는 것은 '금지어'라고 붙여놓은 메모들이었다. '야' '아줌마' '아저씨' '고모' '이모'

'누나' '언니' '사장님' '저기요' '여기요' 등. 식당에서 주문할 때 주로 쓰는 단어들이었다. 여기서는 금지어다. 다른 쪽 벽에 "주문할 때는 직원 이름을 불러주세요"라는 문구가 붙어 있었다. 여기까지만 해도 상당히 충격인데 더 큰 충격은 '정보공개서'라고 하는 작은 수첩이었다. 한쪽 구석에 매달려 있었는데 매일 매일의 매출 현황과 직원들 월급 등을 공개해놓은 수첩이었다. 놀라웠다. 겨우 다섯 테이블 들어가는 작은 매장 하루 매출이 평균 100만원을 넘었다. 더 충격적인 것은 직원들의 시급이었는데 자그마치 9,000원. '와! 장사를 해도 이렇게 멋지게 할 수 있구나'라는 생각과 함께 요즘 말로 (긍정적) '멘탈 붕괴'가 일어났다. 또 벽 한쪽에는 이 집의 해물 재료를 수급받는 비진도 갯마을 가족공동체의 구조가 그려져 있었다. 무슨무슨 수산, 가게, 상회 등 상호들의 위치가 그려져 있었는데 '국내산' 혹은 '비진도산'이라고 써놓는 것과는 비교가 안되는 신뢰감을 얻을 수 있었다. 모든 내부 인테리어는 직접 한 듯했다. 정말 비전문가스럽고 손글씨도 그다지 신경쓰지 않은 것 같은 풋풋한 모습이었다.

여러 부분에 감동받고 있는데 드디어 해물뚝배기가 나왔다. 말 그대로 뚝배기에 해물이 잔뜩 들어 있었다. '조미료를 넣지 않은 2% 부족한 맛'이라는 문구가 눈에 들어왔다. 그런데 전혀 부족하지 않았다. 이미 내 마음이 우호적으로 바뀌었기 때문일지도 모른다. 어쨌든 시종 들려오는 파도소리와 어울려 그야말로 바다의 맛을 느낄 수 있었다.

점심을 먹고 나오면서 사장님은 어떻게 이런 생각들을 할 수 있었을까 생각해봤다. 이런 콘텐츠는 '성공하는 방법'을 알려주는 책에서 얻을 수 있는 것이 아니다. 종업원의 이름을 불러달라는 요구에서 인문학적 이해를 느낄 수 있었고 손으로 만든 인테리어 소품들은 삶의 궤적을 보여주는 듯했다. 주인장의 월급과 종업원 시급, 매출, 원가 등을 공개하는 것에서 장사가 단순히 돈 벌기 위한 수단이 아니라 삶의 방식임을 알 수 있었다. 7,000원짜리 해물뚝배기는 어찌나 정직한지, 비록 조미료의 감미로움은 없을지 몰라도 조미료의 만들어진 맛으로는 감히 표현할 수 없는 바다의 멋과 그리움이 뚝배기 안에 깃들어 있었다. 이건 흉내내기도 어렵다. 오랜 고민으로 다져진 삶의 방식이 매장 곳곳에, 그리고 장사의 모든 방면에서 드러나기 때문이다. 오직 주인장이 일궈온 삶의 궤적을 그리지 않고서는 그런 발상과 방식을 만들어낼 수가 없다고 생각한다. 자영업은 과연 이런 것이라 해도 무리가 없을 만큼 그곳은 특별했다. 해물뚝배기 집에서 느낀 업의 본질은 '경험'이었다. 맛도 좋았지만 그보다 짧은 점심시간 동안 도심 한가운데서 음식을 통해 바다를 경험하게 해주었고, 사람의 '이름'을 부르게 해주었다. 정보 공개라는 정말 새로운 경험까지. 직장인에게 가장 큰 스트레스 중 하나는 점심 메뉴를 고르는 것이라는데 주변 건물에서 근무하는 사람이라면 점심시간마다 떠오를 만한 그런 집이었다.

이렇듯 업의 본질을 구현해내는 자영업자가 되기 위해서는 어떤 준비를 해야 할까? 사실 자영업이든 사업이든 어떤 사람, 어떤 회사가 성공하는지 아는 것은 그야말로 신의 영역이다. 출판계에서 가장 많이 나오는 책 중의 하나가 아마도 '성공'과 관련된 처세술이나 기법 등을 논하는 책들이 아닐까 싶다. 정말 수많은 책들이 쏟아져 나왔고 대부분은 실용성 없는 내용들을 담고 있다. 그렇게 많은 책이 나왔고, 대부분은 폐기처분되었는데도 또 쏟아져 나온다. 그만큼 성공의 공식은 가려져 있다. 경영학에서는 성공한 CEO가 왜 자신이 성공했는지 모르는 경우가 대부분이라고 말한다. 질문을 바꿔야 한다. 어떻게 하면 성공할 수 있을까에서 '어떻게 하면 실패하지 않을까'를 고민해야 한다. 물론 실패하지 않는, 즉 지속 가능이라는 주제 또한 결코 답이 없다.

최근에는 '지속 가능한 성장'이라는 키워드가 '성공'보다 더 주목받고 있다. 필자의 초점도 '성공'보다는 '지속 가능'에 맞춰져 있다. 게다가 하나를 더해서 성공의 관점도 돈을 얼마나 벌었느냐가 아니라 업의 본질을 얼마나 잘 드러냈느냐로 바꾸자고 제안하고 싶다. 그러려면 평소에 업의 본질에 대해 상당한 고민을 해야 한다. 어느 순간 자영업을 할 수밖에 없어서 어떤 장사를 할지 고르는, 그런 식의 출발로는 이런 본질적인 고민을 풀어낼 수가 없다. 필자 생각에 업의 본질은 경험해보지 않고는 찾아내기 힘들다. 그러니까 자영업자가 되기 훨씬 이전부터 많은 경험과 고민을 해야 한다. 물론 어려서부터 장사를 접하고 소위 '장사꾼'으로 성장하는 사람에게 하는 말은 아니다. 그런 분들은 고민하지 않아도 몸으로 이미 체화한 경우가 많다. 필자가 말하고자 하는 대상은 주로 직장인이나 사업가처럼 전문 분야에서 일하다가 자영업으로 전환하는 분들이다.

어떻게 하면 그런 준비가 가능할까? 가장 좋은 방법은 자신이 하던 일과 관련있는 업종을 선택하는 것이다. 너무나 당연하고 싱거운 답이다. 여기서 하나 더 제안하고 싶은 것은 본격적인 취미생활을 하라는 것이다. 다소 추상적인 제안일 수도 있겠지만 필자는 열의, 시간, 돈을 투자해서 상당한 수준까지 오르는 취미생활이 자영업자로 전환할 때 큰 도움이 될 것이라 생각한다. 카페를 한다면 이미 커피의 역사, 문화를 알고 취미생활을 통해 에스프레소나 드립을 잘 배운 사람과 그렇지 못한 사람의 차이는 성공과 실패의 차이만큼 크다. 필자는 마지막 직장생활을 여의도에서 했는데 일산-여의도 구간을 자전거로 출퇴근한 적이 많았다. 자연스레 자전거에 대한 관심이 높아지고 이것 저것 장비도 구비했었다. 동호회에 가입하고 때로는 전혀 모르는 사람들과 만나 출정을 떠나기도 했다. 비록 수준급에 이르지는 못했지만 좋은 자전거집 몇 개를 알게 되었다. 내가 아는 자전거집 사장님들은 다들 자전거에 조예가 깊지만 지식만 있는 것이 아니라 자전거로 전국 순례 한 번 정도는 돌아본 사람들이다. (자전거 산업에 대해 전혀 아는 바가 없지만) 만약 자전거 타는 취미를 계속 유지하면서 네트워크가 넓어지고 지식도 늘어난다면 언젠가 나도 자전거집을 차릴 수 있지 않았을까? 다소 무리한 가정처럼 보일 수 있지만 예를 들어 쉽게 설명하고자 한 필자의 의도를 잘 이해해주었으면 좋겠다.

● 위기의 자영업자 구하기

폐업률 80%를 넘어서는 탈출구를 찾아라

자영업 위기의 시대를 뚫고 나갈 대안은 무엇인가? 솔직히 딱 부러지는 대안은 없다. 이미 자영업 생태계가 붕괴된 지 오래다. 우선 자영업자 수가 너무 많다는 것은 이제 단골 경제기사다. 요즘 들어 자영업 위기에 대한 언론기사가 쏟아지고 있다. 답답한 것은 알면서도 뛰어들 수밖에 없는 자영업자의 비극이다. 정부는 카드수수료 인하, 임대료 대책, 프랜차이즈 규제 등 실효성 있는 정책들을 구사해야 한다. 그러나 이러한 정부 대책들은 장기적 관점에서 이뤄지기 때문에 실제로 창업을 할 수밖에 없는 개인들은 스스로 대안을 찾는 노력을 멈춰서는 안된다.

가장 첫번째로 생각해볼 것은 어떤 사업을 할 것이냐다. 노무

현 정부 때 시작해서 이명박 정부까지 활발하게 진행된 정부 사업 중 하나가 '사회적기업 육성 사업'이다. 기업이라면 이윤 추구가 존립의 근거이자 목적 중 하나다. 그러나 사회적기업은 이윤 추구가 아닌 가치 추구를 지향한다. 사업을 통해 사회적인 문제들을 해결하는 것이 존립 이유다. 국가적으로도 '사회적기업 육성법'이 제정되어 여러 지원책이 실시되고 있다. 사회적기업을 총괄하는 국가기관은 '한국사회적기업진흥원'으로 인터넷 홈페이지(hppt://www.socialenterprise.or.kr)에 방문하면 여러 지원사업에 대한 정보를 얻을 수 있다.

국가가 인증하는 사회적기업이 되기 위해서는 우선 예비 사회적기업 인증을 받아야 하고 일정 기간 사회적기업으로서의 역할을 감당하면 사회적기업으로 등록이 된다. 인건비 보조뿐만 아니라 각종 컨설팅 및 상품개발 등에도 도움을 받을 수 있다. 금전적인 지원도 중요하지만 무엇보다 이러한 국가기관을 통해서 네트워크를 확보하고 다양한 컨설팅 지원을 받아 경쟁력을 높이는 것이 핵심이다. 사회적기업을 자영업의 대안으로 제시하는 것은 전문가의 도움을 통해 일반적인 자영업의 영역을 벗어나 좀더 창조적인 분야로 나아갈 수 있는 여지가 있기 때문이다. 한국사회적기업진흥원 홈페이지에 소개된 사회적기업 목록을 확인해보면 어떤 종류의 사업들이 있는지 볼 수 있다.

각 지방자치단체에서 주관하는 '마을기업'도 고려해볼 만하다. 마을기업도 일종의 사회적기업이다. 범위가 지역 공동체로 축약되어 있을 뿐이다. 지역 문제들을 사업적으로 해결하는 데 초점이 맞춰져 있고 지역 공동체를 기반으로 사업에 필요한 자원도 마련하는 콘셉트다. 지원사업이 각 도 및 시 단위로 진행되는데 관련 정보가 잘 유포되지 않는 경우가 많다. 복지단체들이 적극적으로 참여하기도 하는데 아무래도 자영업자 개인보다는 담당자가 있는 법인이 이런 정보를 손쉽게 얻는다. 그러나 제도의 성공을 위해서는 다양한 사람들의 참여를 유도할 필요가 있다. 그래야 사회적기업의 취지도 잘 살릴 수 있다.

민간단체가 주도하는 사회적기업 지원사업도 있다. 대표적인 단체가 박원순 서울시장이 오랫동안 상임이사로 재직했던 '희망제작소'이다. 희망제작소에는 사회적기업을 육성하고 컨설팅하는 '사회적경제센터'가 있는데 '희망별동대'라는 사업을 통해 다양하고 우수한 청년기업들을 발굴해낸 저력이 있다. 다년간 다져온 연구결과들을 공개하고 다양한 교육을 제공하기 때문에 사회적기업에 관심이 생겼다면 매일 홈페이지에 올라오는 정보를 체크해두어야 한다.

'(사)사회적기업지원네트워크'나 '하자센터', '함께일하는재단' 등 사회적기업 인큐베이팅incubating(예비 창업자나 신생 기업이 사업에 필요한 기본적인 인프라는 물론 법률, 회계, 자금, 인력, 홍보 등과 관련된 토털 서비스를 제공하는 것을 말한다. 현재 인큐베이팅 사업은 발굴→

투자→전문 컨설팅 서비스→사업화→공개 투자 등의 일반적인 순으로 진행되는데, 이 모든 것을 자체 인력으로 하는 것이 아니라, 각계의 전문가들과 전략적인 제휴를 통한 네트워크를 갖춤으로써 각종 전문서비스를 지원한다.)을 진행하는 전문 NGO들도 좋은 통로다. 이들은 '한국사회적기업진흥원'이나 대기업이 추진하는 사회적기업 육성사업을 위탁받아 진행하기도 하고 자체적으로 창업 인큐베이팅을 실시하기도 한다. 경제적 지원도 받을 수 있지만 무엇보다 이들이 가진 전문성을 배우고 네트워크를 구축할 수 있다는 점에서 매력적이다.

자영업의 대안으로 '사회적기업'을 제시했지만 사실 대안이 아니라 '전환'이라고 표현해야 맞다. 사회적기업은 일반적인 사업과는 완전히 다르기 때문이다. 사회적기업을 일궈내려면 우선 사회적기업가가 되어야 한다. 단순히 교육 몇 번 받는다고 사회적기업가가 되는 것은 아니다. 우선 사회적기업가는 삶에 대한 태도가 다르다. 성공의 기준, 삶의 목표와 지향이 기본적으로 이타적이야 한다. 사회적 문제를 해결하기 위해 사회적기업을 세워야지 지원을 받기 위한 하나의 방편으로 생각해서는 곤란하다. 평소에 사회적 문제를 해결하는 것에 전혀 관심이 없었다면 사회적기업은 잊어버리는 게 좋겠다. 그러나 평소에 사회적 문제에 관심이 많고 시민단체나 복지단체 등에 관심을 가졌던 사람이라면 사회적기업가로의 변신을 고려해볼 만하다. 그렇다고 사회적기업이 새로운 약속의 땅은 결코 아니다. 사회적기업의 생존율이 자영업자 생존율과 비교해서 결코 높지 않다. 그만큼 사회적기업 생태계가 어렵다는 뜻이다. 다만 지금까지는 국가 주도로 사회적기업 생태계가 구축되어왔고 그 과정에서 사회적기업 본연의 취지보다는 노동시장을 확대하기 위한 방편으로 접근된 측면이 있기 때문에 시간이 지나면서 점점 더 좋아질 것으로 예측한다. 사회적기업이나 마을기업에 대해서는 좋은 책들이 이미 많이 나와 있다. 위에서 소개한 단체들이 발표하는 자료들도 꼼꼼히 검토해보면 분명 좋은 대안들이 떠오를 것이라 생각한다.

자영업의 두번째 대안은 협동조합이다. 최근 협동조합에 대한 관심이 전과는 다르게 고조되고 있다. 특히 UN에서 2012년을 협동조합의 해로 선포하면서 많은 자료들이 쏟아져 나오고 있다. 정부도 협동조합의 설립 근거가 되는 법령을 수정하여 5명만 모이면 등록할 수 있도록 자격과 절차를 대폭 간소화했다. 협동조합의 설립을 적극적으로 장려하겠다는 표시다. 협동조합을 얘기할 때 가장 먼저 떠오르는 기업이 스페인의 '몬드라곤'이다. 협동조합이면서 스페인 재계 10위 안에 드는 대기업이다. 국내에도 〈KBS스페셜〉 '몬드라곤의 기적'이라는 프로그램을 통해 소개된 바 있다. 아직 못 봤다면 협동조합에 관심이 있든 없든 다시보기를 통해 시청하기를 강력 추천한다. 그밖에도 협동조합과 관련한 좋은 책들이 출간되고 있고 좋은 강연들도 열리고 있다. 특히 최근 정치권에서 '경제민주화'가 주목받는 이슈로 떠오르면서 민주적 의사결정 과정이 최대 장점이라 할 수 있는 협동조합의 의사결정 구조가 주목받고 있다.

협동조합의 이론적 근거나 해외 사례들은 앞에서 말한 좋은 강연, 책들을 통해서 얻을 수 있을 테니 여기서는 주목할 만한 사례를 소개하도록 하겠다. 사실 국내에도 꽤 큰 협동조합들이 있다. 우선 농협, 수협, 축협 등의 금융 협동조합을 들 수 있다. 그러나 이들이 과연 협동조합이라는 이름에 걸맞게 운영되고 있는지는 미지수다. 잘 알려진 기업 중에 '서울우유'가 협동조합이다. 그밖에도 생협 등 몇몇 협동조합이 괄목할 만한 활동을 하고 있다. 그러나 자영업자가 접근하기에는 여전히 어려운 면이 있다. 실제로 협동조합을 준비하고 있는 사람들을 보면 대부분이 시민단체나 복지기관 등 운동가들이 중심이 되어 움직이는 경우가 많다. 마을기업이나 사회적기업과 연계되어 협동조합을 준비하는 사람들도 있다. 순수한 의미에서 장사하는 사람들이 협동조합을 구성하는 경우는 아직까지는 드물다. 필자가 소개하려는 카페 '해방촌 빈가게'는 그런 의미에서 좋은 예다.

● 해방촌을 헤매다

해방촌 빈가게

해방촌. 참 재미있는 곳이다. 지금부터 나와 함께 해방촌 일대를 헤매야 한다. 단순히 카페에 대한 피상적인 설명을 듣는 것보다 카페가 동네에서 어떤 의미를 갖는지 아는 것이 더 중요하다. 그렇다고 필자가 해방촌이라는 동네를 잘 아는 것은 아니다. 다만 나만의 방식으로, 나의 세계관으로 땅을 바라보고 이 땅을 밟으며 사는 이들의 삶을 관찰했을 뿐이다. 무슨 대단한 통찰력을 기대하지는 말라. 직장인에 카페 사장이 무슨 통찰력이 있을까. 어쭙잖은 흉내를 내며 산다. 그러나 때로 이 어쭙잖음 때문에 덕을 볼 때도 많다.

이미 다녀온 곳이지만 이 책을 읽는 독자들과 함께 찾아간다는 느낌으로 가는 길은 현재시제를 사용하겠다.

우선 핸드폰을 끄고 시작한다. 지도, GPS 모두 꺼진 상태다. 해방촌이 어디에 있는지 대충 확인하고 근처까지는 대중교통을 이용해서 간다. 버스를 타고 서울역에서 내린다. 해방촌이 남산 중턱에 있기도 하고 필자가 사는 일산에서 가장 가기 쉬운 곳이 서울역이기 때문이다. 버스에서 내려보니 시내 기온이 35도는 족히 넘는 것 같다. 숨이 턱 막힌다. 솔직히 택시를 탈까 잠시 고민했지만 2초의 고민을 끝내고 걷기 시작한다. 지하도를 건너 후암동 쪽으로 나간다. 이곳은 5년 전에 다니던 직장이 있던 곳이라 구석구석 잘 안다. 음식점들을 보니 몇 개는 그대로 있다. 순대국밥집, 샌드위치집이 눈에 띈다. 이름도 그대로다. 바뀐 곳은 더 많다. 직장 다니던 시절에 한참 건축하던 건물이 완공된 것을 볼 수 있다. 오피스텔인데 분양가가 엄청 비쌌던 것으로 기억한다. 그래서 그런지 바로 건너편에 수제 햄버거집과 이탈리아 레스토랑이 몇 개 생겼다. 전에는 서구적인 느낌이 전혀 어울리지 않던 곳이었는데…….

후암동 길을 쭉 걸어가면서 도로 양 옆에 늘어선 가게들을 본다. 분위기가 비슷하다. 유동인구는 거의 없는 듯하다. 물론 덥기도 했지만 딱히 사람이 돌아다닐 만한 이유도 없을 것 같다. 건물들도 대부분 2,3층이고 지어진 지 최소한 2,30년은 넘어 보인다. 고급 빌라와 30년 된 주공아파트가 바로 옆에 붙어 있다. 1km 정도를 걸어가니 용산고등학교가 나온다. 삼거리에서 왼

쪽으로 발걸음을 돌린다. 왜 이곳에 카페가 이렇게 많을까? 코너를 돌면서 2개, 조금 더 올라가니 2개가 더 보인다. 후암오거리에서 선택의 기로에 놓인다. 직진을 선택한다. 이 더운 날 오르막길이다. 땀이 본격적으로 흐르기 시작한다. 한참 올라가니 산정현교회가 보인다. 어잉? 평양에 있던 그 산정현교회? 황석영 선생의 소설 〈손님〉에 나오는 그 산정현교회? 뜻밖의 만남에 마음이 들뜬다. 참 예쁘게도 생겼다. 이 길의 역사가 얼마나 깊은지 단번에 알 수 있다.

조금 더 걸으니 어르신 두 분이 길가에 앉아 이야기를 나누고 계신다. "어르신, 해방촌 찾는데 어디로 가야 하나요?" "해방촌?" 잠시 생각하시더니 "요기 골목길로 쭉 올라가면 큰 길이 나올 거야"라고 말씀하신다. 골목길이라 왠지 불안하지만 어르신 말씀을 따라 가본다. 오르막, 또 오르막이다. 운동을 하지 않은 지 몇 년은 된 것 같은데 생각지도 않은 남산 등산으로 건강까지 챙길 기세다. 마지막 고비인 계단까지 올라서자 드디어 평평한 길이 나온다. 고개를 들어보니 남산서울타워가 바로 코앞이다. 평평한 길을 따라 걷는데 구름 위를 걷는 것 같다. 작은 집들 사이로 펼쳐지는 서울의 광경이 꽤 멋있다. 한참을 올라오긴 했나보다. 서울에서 가장 높은 동네 중 하나겠다. 좋은 집들도 보이고 1970년대 서울에 있을 법한 집들도 아주 가끔 보인다. 빨래가 널린 걸 보면 누군가 살고 있는 것 같다. 기분이 묘하다.

조금 더 가니 매점이 있다. 이곳에서 장사가 될까 하는 생각이 들어 일부러 물 한 병을 사들고 주인 아저씨와 대화를 시도한다. 대화 내용은 뻔하다. "아저씨 요즘 장사 잘돼요?" 대답도 뻔하다. "아니, 힘들어. 요즘 거의 죽을 지경이야." 가게를 둘러보니 옆 쪽에 작은 문이 있다. 문 높이가 허리춤에도 미치지 않는다. 신발이 2개 있고 마룻바닥이 보이는 걸 보니 여기서 생활도 하시는 듯했다. "여기 임대하시는 거예요?" "그렇지 누가 자기 집이 있겠어? 여기서. 다 임대지." "얼마에 하시는데요?" "보증금 1,000만원에 월세 70만원." "아우, 여기서 그만큼 내려면 정말 힘드시겠어요." "힘든 정도가 아니야." 대화를 나누는데 옆집 아저씨가 들어온다. 주인 아저씨가 반갑게 말을 건다. "휴가라면서 왜 왔어?" "휴가? 에이 그거 애들한테나 해당되는 거지 휴가가 어딨어요. 일해야지. 커피 한잔 합니다." 커피 값은 안내고 그냥 나간다. 아직 서울에도 '동네'가 있나 보다. "아저씨 해방촌 어떻게 가야 해요?" "어, 여기가 해방촌이야. 이쪽으로 가면 오거리가 나와." 아저씨 대답에 살 것 같다.

드디어 도착. 상가도 많고 사람도 꽤 많다. 오거리 풍경이 전라남도 보성군에 온 듯한 느낌이다. 카페를 찾아야 한다. '해방촌 빈가게'. 물어볼까 하다가 그냥 걷기로 한다. 우선 직진. 한참을 걸었더니 주택가다. 카페가 있을 법한 분위기는 아니다. 우회전, 우회전해서 다시 돌아간다. 골목 안쪽으로 들어오니 독일

고급 승용차 두세 대가 주차되어 있다. 조금 더 안쪽으로 걷는다. 이번엔 티코다. 얼마 만에 보는 티코인가? 심지어 에스페로까지 있다. 왠지 예감이 좋다. 다시 오거리로 돌아가서 다른 길로 쭉 내려가본다. 해방촌오거리를 정점으로 다 내리막길이다. 한참을 내려간다. 특이한 점은 부동산 중개소가 유난히 많다는 것. 그런데 길가에 비어 있는 상점들이 꽤 보인다. 분식집, 세탁소, 식당 등 간판만 있고 속은 컴컴하다. 어색하다. 여기도 개발 호재가 있나보다. 땅 값이 올라가니 임대료, 보증금도 올라가고 영세업자들은 자리를 비워간다.

그렇게 언덕을 내려오니 다시 후암오거리다. 다시 해방촌오거리로 올라가야 한다. 땀으로 샤워를 하고 있다. 해방촌 방향으로 길을 다시 돌린다. 또다시 계단이다. 그냥 계단이 아니다. 실베스터 스탤론이 주연한 권투영화 〈록키〉에서 주인공 록키가 오르내리던 필라델피아 미술관 계단처럼 끝이 안 보인다. 헉헉대며 올라간다. 해방촌에서는 일단 다이어트 제품 파는 업종은 절대로 피해야겠다. 다이어트 할 일은 없는 동네 같다. 언덕의 가파르기가 거의 스키장이다. 아이들이 뛰어노는 것을 보니 조금은 위험해 보인다. 다시 해방촌오거리에 선다. 아까 봤던 그분들이 여전히 앉아서 대화를 나누고 있다. 지나가는 사람에게 이런저런 안부를 묻기도 한다.

이제 마지막 남은 길로 들어선다. 여기서도 카페를 찾지 못하면 포기할까 싶다. 옆에 신흥 시장이 보인다. 계단으로 연결된 시장이다. 재미있다. 그러나 그 안의 삶이 쉽지만은 않을 것 같다. 한때 신흥 시장이 아주 활발했다고 한다. 그런데 근처에 대형 물류점과 중소형 마켓들이 생기면서 시장은 자리를 잃어갔다. 해방촌 상권도 시장의 몰락과 더불어 점차 줄어들었다고 한다. 비어 있는 상가들이 많이 보인 것도 그런 이유에서였다. 아무튼 상생을 위한 고민은 눈곱만큼도 없는 사회다.

50m 정도 들어가니 드디어 보인다. '해방촌 빈가게' 서울역에서 한 시간 반을 걸어서 도착했다. 해방촌오거리에서 이렇게 가까운 거리에 있었는데 돌고 돌아서, 땀으로 샤워를 하고야 '해방촌 빈가게' 문을 연다. 이 시원함은 단순히 에어컨 바람의 온도로 설명되지 않는 마음 깊은 후련함이다. 카페 내부는 15평 남짓 되는 것 같다. 테이블 6개가 있었고 낮은 2층 방을 만들어놓았다. 얼핏 봐도 전문 인테리어 시공업자가 작업한 것은 아니다. 나무 색깔, 벽, 테이블 구성을 보니 모두 직접 제작한 분위기다. 그러니까 그다지 세련되어 보이지 않는다. 한쪽은 책으로 채워졌는데 북카페 느낌보다는 도서관이다. 전체적으로 공간의 구성이 비전문가스럽다. 그렇지만 그것이 이 공간의 최대 강점이 아닐까 싶다. 빈틈없는 프로가 줄 수 없는 평안함이 느껴지니까. 그래서 '빈 가게'가 아닐까 싶다.

이곳에는 특별한 사람들이 있다. 그냥 아무나 와도 첫 만남의 어색함 없이 대화를 나눌 수 있는 사람들이다. 4명이 일하는데 켄짱, 살구, 지음, 그리고 한 분의 명함에만 세 음절의 익숙한 이름이 찍혀 있다. 모두 '빈집'에서 생활하거나 했던 분들이다. '해방촌 빈집'은 5년 전쯤 주거와 생활을 고민하던 청년 서너 명이 함께 만든 생활 공동체다. 돈은 없는데 도시에서 생활할 수밖에 없는 이유가 있었기 때문에 주거와 생활을 해결하기 위해 함께 살게 되었다. 해방촌에서 방을 얻었고 가구 하나 없는 빈집에 친구들을 초청해서 '빈집들이'를 했다고 한다. 별다른 뜻은 없었다고 한다. 친구들과 이 집을 어떻게 꾸미고 사용할지 함께 이야기해보려고 빈집에 초대했는데 반응이 좋아서 그 이후로 '빈집'이 되었다. '해방촌 빈집'에는 누구나 와서 머물 수 있다. 말하자면 게스트하우스다. 모두가 손님이지만 모두가 주인이다. 몇몇 장기 투숙객도 있다. 오고 가는 것에 서운함과 아쉬움은 있겠지만 강권하지도, 막지도 않는다. 이렇게 5년 전에 시작된 생활 공동체는 점점 운동 공동체가 되어가는 듯했다. 스스로 운동가 집단이라고 생각하지는 않는다. 아니 조금은 어색해하는 것 같다. 그러나 카페의 분위기나 여기저기 붙어 있는 메모들을 보면 생태계 보호, 여성 인권, 생태적 경제 등등 사회 변혁적 메시지가 가득하다.

'해방촌 빈가게'는 '빈집'의 구성원들이 십시일반 돈을 모아 만든 공간이다. 단순한 카페가 아니다. 뭐든지 함께하는 '종합

작업장'이다. 텃밭 가꾸기, 수화 배우기, 음악 레슨, 목공 등등 하고 싶은 것들은 무엇이든 할 수 있는 공간이다. 이런 창조성은 기본적으로 오랫동안 함께 생활해온 끈끈한 공동체성에서 나오는 것이지만 '협동조합'이라는 구조가 또 한몫한다. '빈가게'에는 누구나 조합원으로 참여할 수 있다. 조합비 3만원에 매월 회비 1만원이면 조합원이 된다. 조합원은 어떤 제안도 할 수 있고 경영과 관련된 의견도 마음껏 제시할 수 있다. 스텝도 모두 조합원이다. 4명의 마스터가 돌아가면서 일을 하는데 이들의 초점은 '마을'에 있다. 해방촌 마을 사람들에게 의미있는 공간이 되고 마을 사람들이 조합원이 되게 하는 것이 목표다. 지금은 30명 정도의 조합원이 있다. 한 조합원은 매주 화요일마다 와서 요리를 한다. 그래서 화요일 저녁 메뉴는 평소보다 화려하다. 필자도 화요일에 방문해서 봉골레스파게티를 먹었는데 솜씨가 좋다. 조합원은 공간을 여러 용도로 사용한다. 쉼, 식사, 독서, 배움. 공간에 있다보면 번뜩이는 아이디어가 떠오르기 마련이다.

'빈집' 장기 투숙객이자 '해방촌 빈가게' 마스터 중 한 분과 대화를 나눴다. 역시 화두는 삶에 대한 자세였다. "여기서 마스터 4명이 일하면서 150만원 이상 벌어가는 것은 불가능해요. 바라지도 않고요. 경제적으로 저희의 현실적인 목표는 마스터들이 일주일에 30시간 정도 일하면서 80만원 정도 얻는 거예요. 그리고 또 다른 일들을 하고요. 사실 '빈집'에 살다보면 그렇게 많은 돈이 필요하지는 않아요. 오히려 시간이 확보되고 조합원들과 창조적인 작업들을 하는 것, 이곳 해방촌에서 오랫동안 살아오신 어른들과 의미있는 일들을 만들어내는 것이 더 재미있고 기대돼요. 물론 저희도 임대료를 다 내고, 좋은 재료를 쓰면서 생존하는 것이 버겁기는 해요. 저희가 정말 최고급 재료를 쓰는 것은 아니지만 주로 생협에서 재료를 받아 쓰거든요. 되도록 유기농 상품들을 쓰려고 하고요. 그러다보면 현실적으로 가격을 낮출 수 없는 한계가 있어요. 그런데 제 생각에 저희 가격이 이곳 해방촌 마을 주민분들께 그다지 매력적인 건 아닌 것 같아요. 그런 제약이 있지만 방법을 찾는 중이에요."

돈을 벌기보다는 사업을 통해서 이루어가는 창조적 가치가 우선이다. 물론 생활이 중요하지 않은 것은 아니다. 생활하기 위해서 생활 공동체를 만들었고 장사도 한다. 그러나 생활의 규모를 줄이고 절제함으로 불황을 이겨낸다. 그런 생활양식과 삶의 철학을 공유하는 사람들과 함께 있으니 서로 격려가 된다. 어쩌면 해방촌이기 때문에 가능할지도 모른다. 필자와 함께 헤매면서 느끼셨는지 모르겠지만 해방촌은 도심에 있으면서 '지역'의 특성을 가지고 있다. 오랫동안 함께 살아온 이웃들이 있고 높은 언덕 위에 있다보니 다른 지역과 보이지 않는 울타리가 있다. 지역성이 뚜렷하고 이웃 의식이 높다는 것은 그만큼 마을 공동체를 지향할 수 있는 가능성이 있다는 뜻이다. '빈 집',

'빈가게' 같이 의식있는 청년들이 새로운 대안을 만들어 가는 데 좋은 장소라는 생각이 든다. 그렇다고 마냥 좋은 것은 아니다. 마을이라고 '공동체 의식'이 있는 것은 아니다. 인심 좋은 시골 사람들을 생각해서는 곤란하다. 여전히 사람 사는 동네고 오히려 도심 한가운데보다 삶의 여건은 힘들다. 이런 곳에서 장사하기는 결코 쉽지 않다. 마을 사람들뿐 아니라 찾아와주는 손님들이 많아야 한다. 그래서 콘텐츠를 더 보강해야 할 필요가 있을 것이다. 협동조합이라는 구조가 충분히 그런 가능성을 높여준다.

아직 이런 대안이 그리 시원치는 않을 것 같다. 당장 시도해볼 수 있는 것들은 아니기 때문이다. 그러나 쉽게 적용할 만한 대안을 선뜻 제시할 수 있는 사람은 드물 것이다. 그만큼 우리나라 경제 상황은 자영업자에게 녹록치 않다. 재벌 위주의 경제 체제는 모든 것을 집중화하고 그 결과 지역경제는 무너졌다. 그런 와중에도 대기업은 골목상권까지 침투하고 있다. 대기업이 골목으로 들어오면 단순히 영세업자와 경쟁하는 것으로 끝나지 않는다. 모든 자원을 중앙으로 빨아들이고 그 돈은 지역으로 다시 흘러들어오지 않는다. 자영업자의 고통은 자영업자의 수가 많아서 경쟁이 심화되는 것보다 이러한 구조적 문제 때문에 발생하는 측면이 더 강하다.

게다가 재벌 대기업은 거의 모든 자원을 빨아들이면서도 고용에는 인색하다. 자영업자가 아무리 많아도 직장인이 또 그만큼 많으면 된다. 자영업자의 고객은 직장인이니까. 그런데 현재 상황은 암울하다. 삼성, 현대를 중심으로 한 대기업은 사상 최대 매출, 사상 최대 수출을 기록하고 있다는데 고용지표는 바닥을 처박는다. 또한 비정규직이 많으면 많을수록 자영업자의 고통도 깊어진다. 사내 하청도 마찬가지다. 동일한 노동을 하면서 절반의 임금을 받는 월급쟁이는 그만큼 소비할 여력도 없다. 그래서 자영업자는 힘들어진다. 이 모든 경제 현상들이 연결되어 있다.

단순히 한 개인이 열심히 일한다고 해서 생존할 수 있는 구조가 아니다. 과거 자영업자라면 이러한 경제 현상들에 대해 그다지 관심 갖지 않고 잘살 수 있었다. 열심히만 하면 됐다. 그러나 지금은 다르다. 자영업자의 생존은 정치적인 이슈가 되어버렸다. 함께 고민하고 방법을 찾아가지 않으면 도저히 길이 보이지 않는다. 대기업은 대기업답게 좀더 큰 일에 집중하고, 국가는 지역 생태계가 살아나는 경제정책을 펴야 한다. 자영업자 개인은 전문성을 좀더 키워야 할 필요가 있다. 무엇보다 한국 사회가 직면한 사회적 문제들을 사업적 방법으로 풀어가고자 하는 패기있는 시도가 많아져야 하고 그런 시도들이 지속될 수 있도록 국가는 지원해야 한다. 지금처럼 고용률을 높이기 위한 방편으로서의 사회적기업 정책을 하루빨리 폐기하고 제대로 된 창조적인 작업들이 일어날 수 있도록 고민해야 한다.

자영업 문제는 단순히 경제적인 문제가 아니다. 한국 사회의 부조리가 총체적으로 집합되어 나타나는 현상이다. 누구나 자영업자가 될 수 있다는 생각으로 머리를 맞대야 한다. 나만 잘 사는 시대는 끝났다. 이제 함께 적당히 살아가는 시대가 왔다. 그 시대의 첫 관문은 자영업자의 생존이다. 이 어려운 난제를 함께 풀어가고자 하는 마음만 있다면 위기의 시대도 잘 헤쳐나가리라 믿는다.

● 망하지 않기 위한 10계명

800만 명 골목 사장님들께

인터넷을 뒤져보면 찾아볼 수도 있음직한 진부하기 짝이 없는 10계명을 만들어보았다. 내용의 통일성도 없고 적시성이 있는지는 더더욱 모르겠지만 조금이라도 도움이 될까 하여 적어보았다. 필자가 망한 이유가 뭘까 생각해보며 정리한 목록이다. 다소 어지럽게 널려 있지만 하나하나 곱씹어보면 분명 도움이 되지 않을까 생각한다.

1. '나는 할 수 있다'고 생각하지 말라

대부분이 다른 사람은 힘들지만 나는 할 수 있다고 생각한다. 80%가 망한다는 통계가 있어도 나에게는 해당사항이 없다고 믿는다. 필자도 그랬다. 그래서 망했다. 어떤 경우에도 과신은 금물이다. 기본 전제는 '나도 망할 가능성이 80%'라는 객관적 평가에서 시작해야 한다. 모든 환경은 나에게 불리하게 작용한다. 어느 정도의 각오가 필요한지는 아무리 강조해도 부족하다.

2. 처음부터 판을 크게 키우지 말라

자영업에 처음 뛰어들면서 몇억원씩 쓰는 사람들이 있다. 망할지, 유지할지는 가봐야 알겠지만 혹 망한다면 쫄딱 망하게 된다. 특히 빚 내서 뛰어들었다가 망하기라도 하면 답이 없다. 지금 가지고 있는 자본의 반 정도만 가지고 도전할 수 있는 방법을 찾아야 한다. 물론 그러기가 정말 어렵다. 끝없이 오르는 보증금, 임대료, 권리금은 자영업의 리스크를 말도 안되는 수준으로 높여 놓는다. 이런 비정상적인 탐욕의 땅에서 살아남을 수 있는 방법은 '혁신'이다.

어떤 카페를 방문한 적이 있는데 카페인지 꽃집인지 분간이 안될 정도로 꽃이 많았다. 고객들에게 작은 꽃 선물을 주기도 했는데 참 기분이 좋았던 기억이 있다. 앞에서 자전거 가게를 예로 들었는데 필자가 만약 자전거 가게를 한다면 작은 자전거 카페를 하지 않을까 싶다. 물론 앞서 말씀드린 대로 업의 본질을 꿰뚫고 공간적으로 철학과 고뇌가 드러나도록 해야 한다. 그냥 아이디어만으로 되는 것은 아니다. 정말로 자전거 카페를 운영하려고 한다면 광대한 네트워크를 사전에 구축해야 할 것이고 자전거족이 자주 다니는 길이면서 임대료가 비싸지 않은 지역을 발견할 때까지 돌아다녀야 한다. 결정적으로 인테리어가 비싸지 않으면서도 편안하게 나오려면 인테리어 공부, 목공 공부 등등 할 것이 한두 가지가 아니다.

명심하자. 부동산에 매물로 나온 가게에 들어가면 돈은 돈대로 들고 망할 확률은 80%다. 순수한 카페의 경우 처음 하는 사람이라면 보통 10평을 넘기지 말라고 한다. 10평짜리 매장을 성공적으로 운영한 다음에야 20~30평으로 늘려갈 수 있지 처음부터 프랜차이즈 40평 매장을 여는 건 전쟁 시작과 함께 배수의 진을 치는 것이나 마찬가지다. 죽기 아니면 살기. 그런데 죽을 확률 80%. 왜 그런 전쟁터에 나가려는지 도무지 이해가 가지 않는다.

3. 빚지지 말라

재무 쪽에 조금이라도 관심이 있거나 관련 업무를 해본 사람이라면 레버리지라는 용어를 들어봤을 것이다. 말은 어려워 보이지만 사실 간단한 개념이다. 자본금과 차입의 비율이라 생각하면 된다. 가령 나에게 2,000만원이 있다고 해보자. 그런데 은행에서 2,000만원을 대출받아 사업을 시작한다면 '레버리지 100%'다. 내 돈은 2,000만원밖에 들어가지 않았지만 4,000만원짜리 비즈니스를 시작한 것이다. 매우 일반적인 경우다. 모든 비용과 인건비를 제하고 연말에 1,000만원이 남았다면 자본금 대비 50%의 수익을 올린 셈이다. 레버리지가 높으면 높을수록 수익률도 높아진다. 문제는 리스크도 커진다는 것인데 만약 2,000만원이나 빚져놓고 원금 상환을 못한 채 망해버린다면 내 돈 2,000만원이 날아가는 것은 기본이고 2,000만원이라는 빚이 남는다. 사업을 접었으니 돈 들어올 곳은 없지만 이자와 원금은 그대로 살아 있다. 담보를 제공하고 빌렸다면 집이든 차든 은행에 넘어갈 수도 있다. 이런 경우가 지금도 정말 많다. 사실 망하는 비율 80%가 넘는 정글에서 레버리지를 일으킨다는 것 자체가 말이 안되는 거다. 망하더라도 적당히 망해야지 쫄딱 망하지 않으려면 빚은 피하는 게 좋다.

4. 아는 사람에게 더 잘하라

보통 첫 두 달 정도는 소위 '오픈발'이라는 게 있다. 가족들, 지인들이 와서 매출을 올려준다. 하기야 이것도 평소에 인간관계를 잘해놓은 사람들에게 해당하는 이야기겠지만, 대부분 오픈발로 첫 두 달 정도는 버틴다. 그런데 대부분이 이 오픈발 관리를 잘 못한다. 지인이 온다고 해서 절대로 소홀히 해서는 안된다. 지인이든 누구든 고객은 고객이다. 지인들에게 좋은 인상을 심어주는 것이 성공의 첫걸음이다. 아무리 친한 친구라도 '이 가게에 다른 사람을 소개시켜 주고 싶은 확신'을 심어주지 못하면 오픈발은 그야말로 오픈발에서 끝난다. 친한 친구의 '다시 올게'라는 인사치레를 믿지 말라. 지인에게 최고의 서비스를 제공하고 그 지인이 감동받아서 다른 사람을 데려올 정도로 운영해야 비로소 길이 보인다. 오히려 지인들에게 할 수 있는 최고의 서비스를 제공하고 솔직한 평가를 들어보는 것도 좋은 방법이다.

5. 손님은 왕이 아니라 신이다

왕 앞에서는 목숨 걸고 허리를 굽혀야 하지만 왕 뒤에서는 욕을 하든 뭘 하든 걸리지만 않으면 땡이다. 그러나 신은 다르다. 신은 전지전능하다. 당신이 어떤 생각을 하는지 다 알 수 있다. 고객은 서비스와 관련해서는 신과 동격이다. 어떤 고객이든 서비스와 관련해서는 전문가다. 필자도 그렇다. 카페 일을 하면서 입맛이 상당히 민감해졌지만 전에는 음식 맛에 그다지 민감하지 않았다. 그러나 서비스에 대해서는 정말 민감했다. 맛은 조금 없어도 서비스가 마음에 드는 집은 다시 간다. 그러나 서비스가 엉망이면 아무리 맛있어도 절대로 다시 가지 않는다. 사실 이런 이야기는 누구나 한다. 장사의 기본 중 기본이다. 그런데도 친절하지 않은 가게가 지천에 깔려 있다. 솔직히 필자가 운영했던 카페도 이 부분에서는 고개를 숙이게 된다. 결코 쉽지 않다. 제대로 된 교육을 받아야 한다. 특히 서비스와 관련된 교육은 시간과 자금을 아끼지 말라고 말하고 싶다.

6. 영업하라

이건 정말 너무나도 당연한 이야기인데 종종 영업을 하지 않으면서 생존하기를 바라는 사람들이 있다. 업종이 무엇이든간에 영업은 필수 항목이다. 지나가는 길에 매장이 있어서 들어오는 손님은 극히 드물다. 무조건 전단지를 돌리라는 이야기는 아니다. 가령 카페의 경우 전단지는 오히려 독이 될 수 있다. 기본적으로 주변 가게들을 다 돌아다니면서 인사하고 얼굴을 익혀야 한다. 홍대에서 카페를 운영할 때 근처 사진관 사장님과 이런저런 대화를 나눈 적이 있다. 그 인연으로 카페 쿠폰을 사진관에 두었는데 그 쿠폰을 들고 카페로 찾아오는 손님이 가끔 있었다. 페이스북이나 트위터 같은 SNS도 좋은 도구다. 사실 인터넷으로 소통하는 것은 아무래도 어르신들에게는 어려울 수 있다. 그러나 돈 한 푼 안 들이고 많은 사람들과 소통을 할 수 있는 공간은 어디에도 없다. 어떤 방식이든 영업은 필수다. 망했다고 하는 사람들을 만나보면 상당수는 영업이 약한 경우였다. 일단 기본은 하자.

7. 자신을 브랜드화하라

이건 '좀 멋진 사람이 되라'는 것과 다를 바 없는 추상적이고 황당한 주문이겠다. 그러나 장기적으로 보면 이보다 더 좋은 전략은 없다. 자기 브랜드화의 첫 단추는 전문성을 갖추는 것이다. 창업하려는 분야에서 이름난 전문가가 되기 위해 어떤 항목들을 준비해야 하는지 적어보고 분야별로 어떤 교육을 받고, 어떤 연마를 해야 하는지 생각해보자. 필자가 잘 아는 분야인 카페의 경우를 생각해보면 일단 커피에 대한 지식은 기본이다. 일단 커피 관련 책을 두세 권 정도는 독파하고 관련 단체가 무엇이 있는지 파악한다. 각종 교육 정보를 수집하고 어떤 교육에 참여할지 결정한다. 커피의 역사, 커피에 관련된 스토리, 소문난 카페, 해외 사례 등등 수집할 만한 정보는 많다. 이 분야의 최고 권위자에게 연락하고 찾아가서 조언을 듣는 것도 좋다. 최소한 이 정도는 했으리라 믿는다. 그런데 생각해보면 이건 대학생들 리포트 수준이다. 여기서 멈춰서는 안된다. 커핑cupping(커피 맛을 감별하는 것), 로스팅roasting〔생두(Green Bean)에 열을 가하여 볶는 것으로 커피 특유의 맛과 향을 생성하는 공정〕, 커피의 역사, 커피 유통 등등 커피라는 상품을 제대로 알려면 엄청나게 공부해야 한다.

그뿐이랴. 카페라는 공간을 잘 이해하기 위해서도 상당한 노력이 필요하다. 필자는 트위터 친구의 추천으로 가스통 바슐라르의 『공간의 시학』이라는 책을 읽었는데 영감을 얻는 데 상당한 도움을 받았다. 공간에 대한 기본적인 철학은 물론이고 인테리어의 최신 동향, 커피와 인테리어의 관계 등등 공부하려면 정말 끝이 없다. 하기야 이 정도 공부도 하지 않고 사업을 한다는 것 자체가 어불성설이다. 모든 분야가 마찬가지다. 분야에서 알아주는 전문가가 되려고 노력해야 한다. 책을 한 권 쓰겠다는 수준의 적극성을 가지고 생각을 정리하다보면 자기 브랜드화가 이루어진다.

앞서 말씀드린 SNS도 자기 브랜드화의 필수 코스다. 단순히 영업을 목적으로 SNS에 접근하기보다는 새롭게 얻게 된 지식들과 깨달음을 소통하는 공간으로 접근하는 것이 좋겠다. 그렇게 하다보면 영업은 자연스럽게 이루어진다. 원래 영업의 전제는 '진정성' 아니던가! 하루하루 현실이 어렵더라도 자기 브랜드화를 위한 노력과 투자는 멈추지 말기를 바란다. 그래야 장기적으로 살아남을 수 있지만 그보다도 일을 하는 재미가 있다. 업의 본질을 추구하라는 제안과도 맞닿아 있다.

8. 혁신하기 위해서 문서화하라

사업의 모든 분야는 혁신의 대상이다. 혁신을 어렵게 생각하지 말자. 지금보다 더 잘하는 게 혁신이다. 굳이 '혁신'이라는 다소 진부한 표현을 쓴 것은 최고로 잘하고 있어도 더 잘할 여지가 항상 있기 때문이다. 언제나 지금보다는 더 잘할 수 있다. 문제는 '무엇을'이다. 보통 '어떻게'에서 막힐 것이라 생각하지만 정작 '어떻게' 잘할 것인가를 생각하기 전에 '무엇을 잘할 것인가'에서 막히는 경우가 대부분이다. 사업의 세밀한 부분까지 문서화해야 한다. 가게를 시작하면 어떻게 청소하는지, 포스기는 어떻게 세팅하는지, 장부는 어떤 식으로 기입하는지, 고객을 어떻게 대하는지, 날씨의 변화에 따라 어떻게 대응해야 하는지 등등 세밀하고 사소한 부분까지 문서화해야 '무엇을' 혁신할 것인지 구체적인 방안이 나온다. 문서화의 위력은 생각보다 대단하다. 글로 표현하기 위해 고민하다보면 전에는 생각하지 못했던 것들이 떠오르기도 한다. 아무리 바빠도 모든 것을 글로 정리하는 습관을 길러보자. 분명 결실을 맺을 것이다.

9. 피드백을 듣자

서비스업을 해보려 한다면 필수적으로 해야 할 일은 피드백을 듣는 것이다. 시스템화하는 것이 좋다. 그냥 지인들에게 부탁하면 듣기 싫은 소리는 해주지 않는다. 정확하고 객관적인 피드백을 얻을 수 있는 시스템을 갖춰야 한다. 시스템이라고 하니 뭔가 복잡한 것이라고 생각할 수 있는데 전혀 그렇지 않다. 예를 들어 친한 친구에게 한 달에 한 번씩 암행어사를 보내라고 부탁하면 된다. 좀더 시스템화하려면 점검차 들리는 암행어사들에게 체크해야 할 문항들을 미리 제시하면 좀더 원하는 결과들을 얻을 수 있다. 정기적인 피드백을 듣고 문제점들을 보완해나가는 시스템을 구축한다면 의외의 좋은 성과를 얻을 수 있다. 이런 사소한 노력들이 더해져서 작지만 강한 비즈니스가 되지 않을까? 한 가지 조심할 점은 피드백을 직원 닦달하는 데 사용해서는 안된다는 것이다. 그 이유야 굳이 설명하지 않아도 다 알리라 믿는다.

10. 실행은 즉각적으로

너무 당연한 이야기를 마지막으로 하고자 한다. 사실 제목만 봐도 무슨 내용인지 다 알 것이다. 그런데 필자가 홍대 앞에서 실패한 가장 큰 요인을 하나 뽑으라면 바로 이 점이다. 많은 기획, 계획, 아이디어가 있었지만 실행은 잘 되지 않았다. 왜일까? 아무도 모른다. 사람들과 이런저런 아이디어를 나누다보면, '왜 진즉에 안하셨어요?'라는 말을 듣는다. 정말 모르겠다. 왜 진즉에 안했을까? 그런데 그런 생각을 하고 나서도 한참동안 그대로다. 좋은 책을 읽고 나서 '이렇게 저렇게 해봐야지' 하고 생각하지만 일상에 치이다 보면 며칠이 금세 지나간다. 그럼 끝이다. 결국 승부는 얼마나 실행하느냐에 달렸다.

너무 당연한 이야기들을 나열했다. 그런데 너무 당연한 것들을 잘 못하는 사람들이 생각보다 많다. 그만큼 준비할 시간이 짧기 때문일 것이다. 지금 자영업을 시작하는 사람들에게 무엇을 해야 하는지 고민할 수 있는 단초가 되길 간절히 바란다.

Part 03 자력갱생 불가사회

● 다시 보는 용산참사

무엇이 저들을 망루에 오르게 했나

"살아보겠다고 아우성치는 우리에게 이렇게 해야 합니까? 정의사회구현이 이런 겁니까? 힘없고 가난해도 생명이라고 살아보려는 우리들을 군홧발로 짓밟고 부유하고 돈 많은 사람들을 위해 아파트를 짓고 공원 만드는 것이 정의사회란 말입니까?" (1985, 대통령께 보내는 목동·신정동 철거민들의 호소문) 1)

1985년 목동·신정동 철거민의 호소는 30년 가까이 지난 오늘까지도 해결되지 못하고 있다. 살아보겠다는 아우성이 짓밟혔던 역사는 "여기, 사람이 있다"는 외침을 망루의 불구덩이로

1) 철거민이 본 철거(1998, 한국도시연구소)

몰아넣은 2009년 용산참사로 반복되었다.

그렇게 끔찍한 참사를 겪고 4년이 다 되어가는 오늘까지도, 곳곳의 철거민들은 "대책 없이 내쫓지 말라"며 살기 위해 목숨을 걸고 있다. 특히 용산참사로 부각된 개발지역 상가 세입자들의 문제는 조금도 나아지지 않은 채 분쟁이 끊이질 않고 있다.

홍대 두리반, 명동 마리, 아현동, 용산 3구역, 도림동, 용강동, 북아현동, 합정동, 염리동 등 용산참사 이후 언론을 통해 자주 등장한 개발지역 세입자들의 갈등은 거의 다 상가 세입자들이었다. 그들은 1년 동안 건물 점거농성을 했고, 용역들과의 피 튀기는 싸움을 벌이기도 했으며, 심지어 분신 시도까지 했다. 이렇듯 6명이 한순간에 목숨을 잃은 용산참사를 겪고도, 개발지역 곳곳에서 상가 세입자들은 저마다의 방식으로 벼랑 끝 망루에 오르고 있다. "살기 위해 망루에 올랐는데, 죽어서 내려왔다"는 용산 철거민들의 말처럼, 여전히 살기 위해 목숨을 걸어야 하는 절박한 싸움을 이어가고 있다.

보상금 몇 푼에 빼앗기는 삶

그러나 일부는 여전히 철거민들에 대해 '보상금 몇 푼 더 받아 내려고 저런다'며 탐욕스러운 사람들의 이기적인 투쟁으로 매도하기도 한다. 하지만 보상금 몇 푼에 목숨을 걸 사람이 과연 몇이나 있겠는가. 길 건너 바로 앞에서 6명이 죽어 나가는 끔찍한 광경을 목격하고도 싸울 수밖에 없는 용산참사 현장 맞은편 용산 3구역의 상가 세입자가 "솔직히 무섭고 두렵죠. 그렇다고 이대로 길거리로 나앉을 수는 없는 일 아니겠어요?"라고 반문했던 것처럼, 그들에게는 빼앗길 수 없는 '삶'이 있었다.

물론 '보상'이라는 문제가 상가 세입자들에게 가장 핵심적인 문제인 것은 사실이다. 보증금의 몇 배가 되는 권리금과 인테리어 비용 등 전 재산에 빚까지 보태 가족의 생계를 꾸리던 상가 세입자들에게 '감정평가금'이라고 주어진 보상금 액수는 터무니없을 만큼 심각했다. 참사가 있었던 용산 4구역에서 약 35평을 임대하여 영업하던 한 식당의 경우 보상금액이 약 2,900만원으로 평가되었다. 이 식당의 경우 보증금 1,000만원에 월세가 80만 3,000원이었고, 권리금은 4,500만원, 개업 시 인테리어비는 3,690만원으로, 초기 비용만 9,270만원이 들었다. 이런 식당이 보증금과 보상금을 포함해서 3,900만원을 가지고 동일한 수준의 영업을 시작하는 것은 불가능했다. 또 약 55평 규모 당구장을 운영하던 세입자의 경우 계약 당시 보증금 3,000만원에 월세가 242만원이었고, 권리금은 1억 2,000만원이었다. 그러나 보상금으로 책정된 금액은 2,860만원으로, 사실상 당구장을 이전해서 개업하기 어려운 상황이었다. 이처럼 용산 4구역 434명 상가 세입자들에게 주어진 보상금은 평균 2,500만원에 불과했다.

당연히 식당을 운영하던 세입자도, 당구장의 주인도 머리띠를 두르고 거리로 나갈 수밖에 없었다.

용산참사 이후 권리금에 대한 제도적 수용 방안을 비롯해 영업손실 보상의 현실화에 대한 논의가 정부를 비롯해 여야 정치권에서 제기되었다. 그러나 결과적으로 3개월분 주어지던 손실 보상이 4개월분으로, 1개월분 더 늘어난 것에 그쳤다. 기존 투자금의 상당액을 날린 상태에서 4개월분의 휴업 보상금만으로 동일한 조건의 영업을 4개월 안에 재개하는 것은 사실상 불가능한 것이 현실이다. 그리고 상당수는 기존 수준 영업의 '휴업'이 아닌, '폐업' 상태에 이르는 경우가 많다. 때문에 이는 생존권을 박탈당해 죽음에 이르게 된 이들에게, 1개월만 더 생존을 유지할 수 있게 해준 것에 불과하다.

'보상'만 있고 '보장'은 없다

문제는 여전히 상가 세입자 문제가 '보상'만 있고 '보장'은 없다는 것이다. 주거 세입자의 경우 사회보장적 성격의 주거 이전비 지급과 임대주택 입주권, 순환용 주택 제공 등을 통해 재정착을 비롯한 주거의 안정성을 보장하도록 하고 있으나, 상가 세입자들에 대해서는 금전적인 '보상' 이외에 영업의 계속성을 '보장'할 만한 아무런 장치가 마련되어 있지 않다. 비록 상가 세입자들에게 보상 문제가 핵심이라 하더라도, 합리적 보상이라는 것만으로 갈등을 종식시킬 수 없다. 특히 '영업손실 보상'은 관리처분인가 단계에서의 감정평가로 이루어지는데, 관리처분인가는 철거 직전 마지막 인가 단계이기 때문에, 상가 세입자들 입장에서는 협의와 대책 마련을 위한 시간이 절대적으로 부족한 상황에서 폭력적인 철거에 직면하게 된다. 이 역시 주거 세입자들과도 비교된다.

주거 세입자들의 경우 '보장'으로서의 재정착 대책의 수립에 대한 사항이 사업시행인가 단계에서 수립됨으로써, 철거 개시 최소한 1년 이전인 사업시행인가 단계에서 대책 여부를 알고 이주를 준비할 수 있게 된다.

용산참사 이전까지만 해도 개발이 시작되면 주거 세입자나 상가 세입자 모두 개발을 찬성하는 편이었다. 대부분의 재개발 지역이 전세 값이나 임대료의 큰 변화 없던 동네여서 10년 이상 살거나 영업을 이어오던 이들이기에, 개발이 되면 '우리 동네가 좋아진다' 고만 생각하지 대책 없이 쫓겨날 것이란 생각은 꿈에도 하지 않기 때문이다. 그렇게 지내다가 주거 세입자들은 사업시행인가 단계에서 자신의 위치를 알게 되고 준비하게 되지만, 상가 세입자들은 철거 직전에야 터무니없는 보상금을 통보받고 부랴부랴 구청을 찾아가고, 조합을 찾아간다. 그러나 '보상' 외에 다른 보장책이 없는 상가 세입자들은, 이미 벼랑 끝에 서 있는 신세가 된다.

떠나지도, 그냥 남아 있지도 못하게

이렇게 도저히 떠날 수 없게 만들어놓는 한편, 그냥 남아 있게 놔두지도 않는다. 이미 많이 알려진 용역들의 위협과 폭력에 시달린다. 용산참사가 있었던 용산 4구역 용역들은 용산참사 당시 철거민들의 퇴로를 막기 위해 농성하는 남일당 건물 3층에서 가구에 불을 지르며 연기를 올려 보내기도 했고, 경찰과 함께 물대포를 쏘며 진압작전을 같이하기도 했다. 이들은 이전부터 지속적으로 세입자들을 괴롭혀왔다.

개발지역에서 용역업체 직원들, 흔히 철거 용역깡패라고 불리는 이들은 관리처분인가 전후로 지역에 상주하면서 '이주관리사무소'라는 것을 차리고, 동네를 어슬렁대며 위협적인 행동으로 주민들을 쫓아낸다. 이들은 개발조합 임원진 선거 등 총회에서 위력을 행사하여 민주적인 조합운영을 방해하기도 하고, 개발에 동의하지 않는 토지 혹은 건물주를 압박하기도 한다. 특히 세입자들을 쫓아내기 위해 성적 모욕을 주는 욕설과 쓰레기 투기, 집과 가게앞 동물사체 두기, 벽에 낙서하기, 빈집에 불 지르기, 영업 방해, 창문 파손, 수도관 파손 등을 통해 세입자들을 괴롭혀 결국 이사를 가게 만든다.

하지만 이러한 폭력적인 철거 과정에서 공포와 불안에 떠는 주민들에게 경찰과 구청은 전혀 도움이 되지 못한다. 오히려 폭력에 저항한 철거민들을 업무방해와 쌍방폭행으로 연행하곤 한다.[2)]

결국 벼랑 끝에 몰린 상가 세입자들은 용역폭력에 쫓겨 가거나 온 가족의 생계를 걸고 격렬한 싸움에 뛰어들 수밖에 없다.

유서가 된, 구청 공문

용산참사로 희생된 분 중 가장 연세가 많았던 고故 이상림(당시 72세) 님의 유품에는 망루에 오르면서 품에 지니고 있었던 용산구청의 공문이 있었다.

> 세입자 보상 계획에 대한 협의가 없다고 해서 관리처분계획인가 등을 중단할 수 없는 사항임을 회신하오니 양지해주시기 바랍니다. – 용산구청장

법에 따른 관계인의 보상 협의 절차를 거치지 않았음으로 협의가 완료될 때까지 '관리처분인가를 중지해달라'는 요청에 대

2) 2011 국정감사 장세환 의원실 자료에 따르면, 2008년 1월부터 2011년 8월까지 개발지역 분쟁과 관련하여 검거된 인원수를 보면(용산참사 관련 건 제외) 철거민은 202명인 반면, 용역업체 직원은 16명이었다.

한 회신 공문으로, 용산구청은 "관리처분을 중단할 수 없다"며 거절을 통보했던 것이다.

한강갈비에서 레아호프까지 한자리에서만 30년 가까이 생계를 꾸리고, 가게 건물 옥탑에서 거주하며 살아온 서울시 용산구 주민으로서의 마지막 절박한 요구마저 거절당한 그는 그렇게 구청 공문을 품고, 사랑스런 막내아들과 함께 하늘 끝 망루에 올랐던 것이다. 결국 그 공문은 유서가 되었다. 그는 죽고 아들은 아비를 죽인 죄인이 되어 5년 4개월의 형을 받고 감옥에 갇혀 있었다.

그런데 원통하게도 거절당했던 그 요구는 2010년 11월 초에 서울고등법원에 의해 절차상 중대한 위반이 있었다며 '용산 4구역 관리처분 무효'라는 판결로 내려졌다. 주검이 되고 땅속에 묻힌 지 한참이 지나서야 말이다.

이처럼 용산구청은 용산 4구역에 조합과 세입자들 사이의 갈등이 있다는 사실을 알면서도 사태해결을 위해 아무런 노력을 기울이지 않았다. 용산구청의 답변은 세입자들에게 중요한 사항에 대해 "세입자와 협의할 사항이 아닙니다"라는 식의 답변으로 일관했으며, 결국에는 "구청에 와서 생떼거리를 쓰는 사람은 민주시민 대우를 받지 못합니다"라는 대형 간판을 구청 입구 측면에 걸기에 이르렀다.

이러한 용산구청의 행태는 세입자들로 하여금 공공에 대한 심각한 불신을 일으켜, 구청이나 조합과 합리적으로 협의할 가능성이 없음을 인식하고 절망하게 만든다.

비록 세입자이지만 수십 년 지역에 살아오고, 지역의 상권을 발전시켜온 지역 '주민'이, 개발 현수막이 나부끼는 순간 '철거민'이 되고, 구청은 '철거민'을 더 이상 지역의 주민으로 대하지 않는다. 이제 그들의 이야기는 정당한 권리를 말하는 지역 주민들의 민원이 아니라, 그저 귀찮고 시끄럽게 하는 '떼잡이'들의 '생떼거리'로 취급된다. 그리고 그들의 생존을 건 저항은 '도심테러'로 매도된다.

그렇게 '보장'이 없는 터무니없는 보상과 용역깡패의 폭력, 그리고 경찰과 구청의 외면 속에서 쫓겨날 수밖에 없었던 용산 철거민들은 마지막 사는 방법이라는 생각으로 망루에 올랐던 것이다.

삶을 빼앗아가는 개발, 이제는 달라져야 한다

참사를 빚은 용산 4구역의 개발은 참사 발생 4년이 다 되어가는 현재까지 멈춰진 채 허허벌판으로 남아 있다. 망루가 불탄 남일당 자리는 철거민들을 폭력적으로 내쫓던 철거 용역깡패들이 주차장 터로 사용하면서 임시 영업을 하고 있다. '그렇게 허허벌판으로 방치할걸, 왜 그리 빨리 내쫓으려 했느냐'는 유가족들의 애통함은 무엇으로 설명할 수 있을까.

'삶'을 빼앗아가는 개발, 벼랑 끝으로 내모는 개발, 이제는 달라져야 한다. 퇴거를 수반하고 진행되는 개발사업이라면 주거 세입자건 상가 세입자건 퇴거를 당해야 하는 이들에게 '이전과 동등한 수준으로 살거나 생계를 유지할 수 있는' 대책을 보장해 주어야 한다. '건물은 철거해도 삶은 철거하지 말라'는 철거민들의 구호처럼, 그곳에 그들의 '삶'이 있기 때문이다.

용산참사, '어제'의 일이 아닌 우리에게 닥칠 '내일'이 될 수 있다는 것을 잊지 말아야 한다.

이원호

용산참사 진상규명 및

재개발제도개선위원회 사무국장

강제퇴거금지법제정 위원회 사무국장

주거권운동네트워크 활동가

● **수원시 자살예방센터 센터장 안병은 대표와의 인터뷰**

대한민국에서 카페 사장으로, 정신과 전문의로서 산다는 것

수원에 있는 '우리가 꿈꾸는 동네'를 찾았다. 여기에는 특별한 의사 선생님이 있다. 정신과 전문의로 지금은 수원시 자살예방센터의 센터장이기도 한 이분이 특별한 것은 의사의 직분을 잘 감당하고 있는 것 외에도 자영업자의 삶을 정말 잘 이해하고 있다는 점이다. 진료하는 환자 중에 충분히 일을 할 수 있는데도 사회적 편견 때문에 일자리를 구하지 못하는 이들이 많은 현실을 보고 직접 사업을 시작했다. 편의점, 세탁소, 식당……. 결과는 모두 망했다. 그러나 포기하지 않고 아주대 앞에서 카페를 시작했는데 이름이 '우리동네카페'다. 이 카페는 생존에 성공했다. 아니, 생존을 넘어 훌륭한 사회적기업이 되었다. 그러나 여전히 돈과는 거리가 멀다. 삶의 지향이 타자를 향하고 있어 돈 벌 팔자는 아닌 듯하다. 안병은 대표님과의 대화는 언제나 진솔하다. 계산 없이 평소에 고민했던 그대로를 말씀하신다. 자영업에 대한 대화를 나눴다. 단순히 경영자로서의 의견이 아닌 정신과 전문의로서의 의견을 여쭤봤다. 역시나 고민의 흔적이 느껴졌다.

필자 우리나라 자영업자가 800만명에 이른다고 합니다. 올해 초 방영된 MBC 〈PD수첩〉 '자영업, 내일은 없다'에 의하면 대부분의 자영업자는 스스로를 하(下)층으로 보고 있으며 본인의 가게 이외에 '투잡' '쓰리잡'을 뛰는 경우도 많다고 합니다.
이렇게 무거운 삶의 짐을 짊어지고 하루하루를 견디며 사는 것이 개인과 가정, 나라에 어떤 영향을 미치게 될까요? 국가는 어떤 정책을 펼쳐야 자영업자들이 좀 살 만할까요?

안 대표님 사실 자영업자가 되는 사람들의 기대치는 그다지 높지 않습니다. 수익이 적다는 것을 이미 알고 있어요. 대부분 언론기사나 소위 컨설턴트라는 사람들이 하는 이야기를 들어보면 '대박 바라지 마세요'라고 이야기하거든요. 그런데 자영업자가 되면서 대박 노리는 사람이 얼마나 되겠어요? 자영업 시장이 붕괴되고 있는 것은 이미 누구나 다 알고 있거든요. 문제는 수익이 적다는 게 아니라 안정성이 없다는 거예요. 자기 돈을 날릴 확률이 많다는 거죠. 수익이 적으면 최소한 안정성은 있어야 되는 게 말하자면 투자의 기본이잖아요. 그런데 기대수익은 적으면서 위험 또한 크단 말이죠. 상식에 맞지 않아요. 뭔가 이상하죠. 자영업자는 이런 상황을 어떻게 느낄까요? 가장 첫번째로 공정하지 않다고 생각해요. 자영업을 재벌과 비교하는 게 우습지 않냐라고 생각할 수도 있어요. 그런데 실제 자영업자가 처한 현실을 보세요. 대기업이 골목상권에 들어와서 완전히 독점구조를 만들어 놓잖아요. 재벌 딸이 빵집을 하고요. 그들은 수익이 나든 안 나든 상관없어요. 왜냐면 투자의 관점에서 보거든요. 자영업자는 어떤가요? 수익이 안 나면 망하는 거예요. 그것도 몇 달 못 가요. 그러니 공정하지 못하다고 느끼는 게 당연하죠. 법이 정하는 범위가 무엇이냐와는 또 다른 이야기예요.

심지어는 공적인 성격을 가진 기관들에조차 자영업자는 피해를 본다고 느껴요. 가령 최근 우후죽순 늘어나는 사회적기업 보세요. 상당 부분은 복지단체 등 공적 기관들이 하거든요. 그리고 대부분 국가의 지원으로 하잖아요? 이런 공적 기관들이 자영업자들과 경쟁하게 돼요. 이런 부분들이 자영업자에게 상당한 심리적 압박을 주고 있어요. 만약 공정하게 경쟁하는 과정에서 힘들 일이 생기다면 감수하겠지만 경쟁 자체가 공정하지 않다는 거죠. 쉬운 말로 억울한 거예요. 결국 피해의식으로 발전할 수밖에 없거든요. 죽어라 돈 벌어서 건물주에게 다 갖다 바친다는 생각도 들고요. 구조적으로 그럴 수밖에 없지 않아요? 그러다보면 일을 하면서 정서적으로 안정이 되어야 하는데 계속 불안한 상태로 있는 거죠. 일에만 집중하지 못하고 자꾸 다른 것들을 하게 돼요. 그럼 또 사업은 힘들어지는 악순환이 반복되는 거죠. 결국 '투잡' '쓰리잡'을 뛰게 돼요. 정말 큰 문제는 이런 악순환이 가정의 붕괴로 이어진다는 건데요. 이런 과도한 경쟁을 극복하기 위해서 대부분 어떤 방법을 쓰냐면 엄청난 가사 노동력을 동원하게 되요. 남편, 아내, 심지어는 부모님까지 나서서 장시간 노동하는 것을 많이 봤어요. 그렇게 되면 가장 어려운 게 아이들이거든요. 가정이 돌봄의 기능을 상실해요.

국가는 무엇을 해야 하는가? 우선 이 아이들을 돌봐야 해요. 부모는 어쩔 수 없이 매일 매일, 주말도 없이 하루에 10시간 이상 노동할 수밖에 없는 구조거든요. 그럼 아이들은 방치돼요. 학원을 갈 수 있는 처지도 아니고요. 국가는 이 아이들을 돌볼 수 있는 시스템을 빨리 갖춰야 합니다. 전에는 맞벌이가 선택이었어요. 그러나 지금은 아니에요. 특히 자영업자에게 맞벌이는 선택이 아니라 생존의 문제거든요. 돈을 더 벌려고 하는 게 아니라 같이 매달리지 않으면 죽어요. 이런 구조 가운데 내몰리는 우리 아이들이 지금 심각한 교육 사각지대에 놓이고 있습니다. 이 아이들을 돌보는 교육을 해야 합니다.

그리고 또 하나는 지원의 패러다임을 바꿔야 하는데요. 지금은 단순히 저금리로 돈을 빌려주는 것밖에 없거든요. 그런데 실제로 자영업자가 가장 어려운 부분이 아이디어예요. 기껏 해봐야 식당, 카페거든요. 별다른 기술 없이 도전해볼 수 있는 분야들이죠. 그나마 식당은 맛이라는 노하우가 있는데 카페는 정말 문제예요. 곧 대량으로 망하는 사태가 일어나지 않을까 걱정입니다. 사업 아이템이 부족해요. 이런 부분을 국가가 지원해줘야죠. 돈만 빌려주고 자본과 대결하라는 것은 말이 안돼요. 유통도 그렇습니다. 사실 유통이 정말 중요하거든요. 유통에서 비용을 낮추지 못하면 가격 경쟁력에서 힘들 수밖에 없어요. 자영업자 개인의 한계는 분명해요. 그런 부분들을 국가가 지원해줘야죠. 그런데 이런 문제에 전문가가 별로 없는 것 같아요.

필자 최근 인터넷에 '36세 막창집 사장의 죽음'이라는 기사가 떴었습니다. 내용인즉 군 제대 후 옷가게와 치킨집을 운영하다가 모두 실패하고 마지막으로 막창집을 하던 청년이 밀폐된 차 안에서 번개탄을 피워 자살을 한 사건이었습니다. 이런 류의 자살이 더 많아질 것이라는 비관적인 예측도 늘어나고 있습니다. 2003년 이후 카드대란 사태로 빚어진 '이코노사이드' 사회가 다시 반복될 것이라는 슬픈 예측들이 나오고 있습니다. 정신과 의사로서 이런 사회 현상을 어떻게 바라보시나요?

안 대표님 제가 자살예방센터의 센터장이거든요. 실제로 자살을 생각하는 분들을 많이 만나요. 그 중에 말씀하신 사례 같은 경우가 상당히 많아요. 참 안타깝죠. 그런데 생각해보세요. 그런 상황에 처하면 극단적인 생각을 하지 않을 사람이 있나요? 장시간 불안한 상태에 노출되면 심리적으로 압박감을 느끼게 되죠. 수익은 낮은데 위험은 큰 상황. 그것도 피해의식과 억울함이 가슴속에 오랫동안 잠재된 상황에서 코너에 몰리면 힘들죠. 이코노사이드. 참 무시무시한 말이지만 솔직히 우려가 되는 상황이에요. 보통은 자영업이라는 것이 마지막 카드거든요. 게다가 거의 모든 걸 다 바쳐서 시작하게 돼요. 빚까지 많이 진 상황이라면 심리적 불안과 압박이 정말 상당할 수밖에 없어요. 그런데 그런 사람들이 얼마나 많겠어요. 빨리 그런 분들이 심리적인 압박감, 특히 불안감에서 벗어날 수 있도록 해줘야 하는데 지금 국가가 하는 일이 별로 없어요. 신문에 자영업의 위기가 많이 보도되는 것 같아도 국가가 뭘 한다는 얘기는 못 들었어요. 안타깝죠.

필자 실패도 많이 하셨지만 그 어렵다는 사회적기업을 성공적으로 이끈 사업가이십니다. 망하는 것과 성공의 상관관계가 있다고 생각하십니까? 지금 소위 '망해가는' 사장들의 경험이 추후에 다시 사업을 시작할 때 도움이 될까요?

안 대표님 저의 경우는 도움이 많이 됐어요. 그렇지만 저는 의사잖아요. 말하자면 비빌 언덕이 있는 경우죠. 말씀드린 것처럼 자영업이 마지막 카드인 분들, 올인하신 분들에게는 글쎄요……, 어려운 문제죠. 혹 다시 사업을 할 수 있는 기회가 된다면 도움이 많이 되겠죠. 그러나 지금 우리가 처한 상황은 참 어렵네요. 자영업자라는 타이틀이 마지막 도전이 되지 않도록 구조적인 변화가 꼭 일어나야 해요. 그 일환으로 저는 동업에 대한 나쁜 인식이 깨졌으면 좋겠어요. 그래도 위험을 줄일 수 있고 아이디어가 조금 더 나올 수 있는 구조가 동업일 수 있다고 보거든요. 그런데 한국에서는 동업에 대한 안 좋은 인식이 팽배해서 왜 그럴까 주의깊게 살펴보는 중이에요. 제 생각에 동업을 할 수 있다면 시도하는 것이 좋다고 봅니다. 그래야 '올인'하지 않고, 배수의 진처럼 마지막이 되지 않을 수 있지 않겠어요? 그 외에도 여러 대안들이 나와야 할 것 같아요.

필자 자영업에 대해서 비관적인 기사가 쏟아지고 있습니다. 원장님께서는 향후 자영업 환경이 어떻게 변할 것이라고 생각하십니까? 자영업자의 미래는 어떻게 될까요?

안 대표님 솔직히 더 암담해질 것 같아요. 전에는 자영업자가 중산층이었거든요. 그런데 지금은 중하층이 됐어요. 그런데 더 힘들어질 것이라 생각해요. 여러 이유가 있겠지만 저는 특별히 자본이 계속 자영업의 영역을 침투해올 것이라 보거든요. 우리 사회가 자본의 한계에 대한 합의를 못하고 있잖아요. 이렇게 두면 기존 대기업들도 자꾸 자영업의 영역을 침범해올 것이고 무엇보다 잘나가는 자영업자가 자본화되서 양극화 현상이 깊어질 것이라 봐요. 병원도 그렇거든요. 사실 개인병원은 자영업자예요. 그런데 전에는 병원이 망하지는 않았어요. 잘되는 병원과 잘 안되는 병원이 있었죠. 그런데 지금은 30% 정도 망하는 것 같아요. 병원이 그렇다면 다른 업종은 볼 것도 없죠. 지금도 충분히 힘들지만 돌파구가 보이질 않아요. 전에는 상도덕이라는 게 있었어요. 가령 옆에 카페가 있으면 그 주변에는 카페를 개점하지 않았거든요. 바로 옆에 누가 오픈하려 하면 싸우곤 했죠. 그런데 지금은 그런 것도 없어요. 자영업으로 너무 많이 들어오니까 옆에 동일한 업종이 들어와도 그러려니 하죠. 결국 나눠먹기가 되거든요. 그래도 전에는 장사가 잘되는 집 옆에 차렸는데 요즘에는 정말 심하더라고요. 조금만 된다 싶으면 치고 들어와요. 이래서는 도저히 살아남기 힘들어요. 함께 상생하는 방법이 없을까 고민됩니다.

필자 지금 자영업하는 사람들에게 죽도록 힘들 때 이겨낼 수 있는 방법을 가르쳐주세요. 자영업을 시작할 때 어떤 마음가짐을 가져야 할까요?

안 대표님 어휴, 제가 자살예방센터장인데도 불구하고 이런 질문을 받을 때마다 정말 난감합니다. 우선 가장 중요한 것은 너무 당연한 말일지 몰라도, 죽도록 힘든 상황까지는 가지 않도록 해야 해요. 자신의 성향을 정말 깊이 생각해봐야 합니다. 자영업은 아무나 할 수 있는 것이 아니에요. 서비스업이라면 그에 맞는 성향이 있어요. 자신의 성향이 맞지 않는데도 불구하고 어쩔 수 없이, 밀려나듯 뛰어들면 안됩니다. 아침에 일어나기 힘든 사람이 아침 일찍 개점해야 하는 가게를 한다거나, 사람 만나는 일이 부담스러운 사람이 서빙 일을 하면 얼마나 스트레스를 받겠어요. 이런 사소한 부분까지 생각해야 해요. 자영업으로 생존하기 위한 가장 중요한 요건은 주인의 성향이라고 생각합니다. 자신이 좋아하는 일을 해야 위기가 와도 넘어갈 수 있고, 대자본과의 경쟁에서 살아남을 수 있어요. 어떤 업종을 해야 할지 급하게 결정하지 마시고, 뭐가 잘 나간다더라 하는 식의 '카더라 통신'에 의지하기보다는 자신이 뭘 해야 재미있게 할 수 있을지 깊이 고민하신 후에 시작하시길 바랍니다.

필자 감사합니다. 앞으로 안 원장님이 하실 일들이 많아질 것 같습니다. 특히 이 분야에 있어서 많은 분들에게 조언 부탁드립니다. 이런 경험을 해보신 분이 많지 않다보니 전문적인 조언을 듣기가 쉽지 않은 것 같습니다.

안 대표님 저도 노력을 하겠습니다. 요즘에는 저희 경영 노하우를 무료로 많이 공개하고 있어요. 함께 살아가는 데 조금이라도 도움될 일들을 찾아봐야죠. 정신과 의사로서, 사업가로서 우리 자영업자들이 느끼는 아픔들을 좀더 공감하고 그분들이 너무 힘들지 않게 살아갈 수 있는 길들을 만들어가야죠.

필자 오늘 인터뷰 감사합니다.

인터뷰를 마치면서 든 생각은 자영업자가 우리 사회의 신빈곤층으로 전락할 것이라는 좋지 않은 예감이었다. 정말 심각한 문제는 구조적 빈곤은 대물림된다는 것이다. 이건 매우 악한 구조다. 최근 불거지는 '묻지마 범죄'가 바로 이런 악한 구조에서 비롯되는 것 아닐까? 인간성을 말살시키는 이런 구조적 빈곤은 우리 모두를 위해 빨리 퇴치해야 한다. 자영업 문제를 해결하기 위한 사회적 대타협이 필요한 시점이다. 안병은 원장님 같은 분이 좀더 많아졌으면 좋겠다.

안병은

정신과 전문의

수원시 자살예방센터 센터장

사회적기업 (주)우리동네 대표이사

협동조합은 대안일 수 있을까?

2013년 협동조합법이 개정되고 정말로 많은 협동조합이 생겨났다. 언론기사를 보니 2013년 한해 동안 무려 3천여개의 협동조합이 생겨났다고 한다. 그리고 그 중 60% 정도가 출자금 1천만원 이하의 영세(?) 협동조합이었다(『뉴시스』 2013년 12월 2일). 언론은 이렇게 영세한 조합이 우후죽순마냥 세워지는 것을 두고 부실을 걱정하고 있었다. 그 3천개의 영세한 협동조합 중에 필자가 운영위원장으로 있는 카페바인도 포함된다. 그리고 기자가 걱정한 부실의 범주에서 크게 벗어나지 못하고 지금까지 아슬아슬하게 생존하고 있다.

유럽의 협동조합이 처한 상황과 대한민국의 협동조합이 처한 상황은 상당히 다르다. 이미 오랜 동안 협동조합이 시장의 주요 참여자로 활동해온 유럽과 북미의 환경에 비해 대한민국 자본주의 시장은 협동조합이 생존하기에는 너무 척박한 땅이다. 그럼에도 그 중 몇은 끝까지 살아남아 새로운 희망을 일궈갈 것이다. 카페바인도 마지막까지 생존하고 싶지만 그것은 알 수 없는 일이다. 그러나 만약 우리의 시도가 실패하더라도 대한민국 자본주의에 새로운 영혼을 불어넣는 데 조금이라도 일조하고 장렬히 전사하는 것이라면 기꺼이 그 운명을 받아들일 마음의 준비도 하고 있다. 우리 다음에 이 길을 걷는 사람들을 위해서라도 그동안 배워온 것들을 글로 정리하는 것은 의미있는 일이다. 아직 배움의 과정에 있지만 지금까지 협동조합에 대하여 들었던 생각들을 간단하게 정리하고자 한다.

가끔 자영업을 하시는 분이 '협동조합을 하면 어떨까요?' 라고 물어오는 경우가 있다. 대부분 좋은 생각을 가지고 있는 분들이다. 이왕 장사하는 것, 사회에 좋은 영향력을 미치면서 하면 좋겠다는 생각에 협동조합을 고려하는 것이다. 그만큼 협동조합이라는 개념이 긍정적으로 인식되는 것 같다. 그러나 필자 생각에는 '협동조합=의미있는 일' 의 공식이 그다지 유효해 보이지 않는다. 협동조합은 기업구조의 한 형태일 뿐이다. 주식회사의 존재 목적이 주주의 부를 극대화하는 것이라면 협동조합의 존재 목적은 조합원의 효용을 극대화하는 것이다. 그런데 조합원의 효용이라는 것이 단순히 돈으로 환산되지 않기 때문에 주식회사와는 상당히 다른 양상으로 조직이 운용된다. 그러니까 협동조합을 설립하는 것은 어떤 '좋은 일을 하기 위해서' 가 아니라 달성하고자 하는 목표와 함께하는 사람들의 성향에 따라서 가장 적합한 구조가 협동조합이기 때문이어야 한다.

얼마 전 제주도에서 펜션을 운영하려는 분이 협동조합에 대한 문의를 해오셨다. 펜션을 운용하면서 여러 가지 의미있는 일들을 함께하고 싶었기 때문이다. 몇 차례 만나서 컨설팅을 한 결과 협동조합보다는 주식회사의 형태로 가는 것이 좋겠다는 결론을 말씀드렸다. 우선 제주도 숙박업이 처한 상황이 거의 완전시장에 가까울 정도로 경쟁이 치열하기 때문에 협동조합의 느린 의사결정 구조로는 치열한 시장상황을 대처하기에 부적합할 수도 있다는 것이 첫번째 이유였다. 두번째 이유는 소유권 구조였다. 조합을 만든다는 것은 소유권을 소위 1/n로 나누는 것을 의미한다. 기업의 소유권이라는 개념에는 여러 의미가 담겨 있겠지만 가장 중요하게는 인사권 등의 의사결정에 대한 권한을 갖는다는 뜻일 것이다. 그런데 협동조합은 원칙적으로 1인 1표의 의사결정 구조를 가지고 있다. 주식회사도 주주에게 기업의 소유권이 있지만 1원 1표의 의사결정 구조기 때문에 주식을 50% 이상 가지고 있으면 의사결정권을 독점하게 된다. 이 지점이 주식회사와 협동조합의 결정적인 차이다. 이 부분을 이해하지 못하고 협동조합을 생각하시는 분들이 많다.

마지막으로 협동조합을 추천하지 않은 이유는 하시고자 하는 좋은 일들이 굳이 협동조합의 형태를 갖지 않아도 충분히 할 수 있는 일이었기 때문이다. 제주도에서 활동하는 사회적 운동가들을 지원하는 일, 지역에서 농사를 짓는 이들의 직접판매 통로를 개척하는 일 등은 협동조합이 아니어도 충분히 할 수 있다.

오히려 소유권에 대한 잡음 없이 훨씬 더 효율적으로 사업을 진행할 수 있다. 협동조합의 일반론에 대해서는 이미 좋은 책들이 많이 나와 있다. 그러나 일반론을 접하기 전에 근원적인 고민을 할 필요가 있다.

그렇다면 카페바인은 왜 협동조합이 되었는지를 말씀드릴 차례인 듯하다. 일단 카페바인 설립 당시 소유구조는 일반적인 사기업과 다를 바가 없었지만 의사결정 구조는 협동조합과 매우 유사했다. 말하자면 투자지분은 제각각이면서도 의사결정권은 모든 투자자가 동일하게 가지고 있었다는 말이다. 앞서 밝혔듯이 오랜 시간 운동가로서 함께 활동해온 선후배들이 모여 만든 카페다보니 투자지분과는 상관없이 민주적(?) 의사결정 체계를 갖추게 된 것이다. 이미 이해관계로 묶여 있는 조직이 아니었기 때문에 협동조합이라는 수평적 소유구조로 전환하는 데 전혀 문제가 되지 않았다. 오히려 새롭게 함께할 분들을 위해 배당권리를 포기하다시피 하는 데 기존 멤버들이 전적으로 동의함으로써 협동조합으로 손쉽게 전환할 수 있었다.

두번째는 카페바인이 갖는 운동적 성격 때문에 협동조합으로의 전환이 용이했다. 애초에 카페를 만든 취지는 공의, 공평, 소통 등의 보편적 가치가 통용되는 문화공간을 만들자는 것이었다. 그렇다보니 카페바인의 가장 중요한 자산은 숫자가 아닌 사람, 그리고 관계였다. 그러나 일반 기업의 형태로 있을 때는 소비자와 생산자라는, 다분히 자본주의적 언어로 묶인 관계일 수밖에 없었다. 협동조합으로 전환한 것은 그러한 자본주의적 이해타산으로 엮인 관계를 탈피하고 가치 중심적인 느슨한 공동체를 확신시키기 위한 전략적인 선택이었다.

마지막으로 협동조합으로 전환한 가장 결정적인 이유는 십시일반의 원리를 통해 카페바인이 지향하는 가치들을 함께 실현하면서 장기적으로 생존할 수 있는 구조를 만들기 위해서였다. 카페바인은 여전히 생활인들이 운영해가는 아마추어 카페다. 이제 4년을 넘기는 현 시점에서 아직도 아마추어의 미숙함을 벗어나지 못한 것에 자책하기도 하지만 아마추어리즘은 카페바인이 애초에 추구하던 정신이기도 했다. 초기보다는 몇 배 좋아지기는 했지만 카페바인이 여전히 적자 상태를 손쉽게 벗어나지 못하는 이유 중의 하나는 시장의 논리를 따르지 않고 돈 안되는 사업들을 지속하기 때문이다. 자본주의식 성공을 위해서 할 수 있는 가장 확실한 길은 권리금 장사를 하든지 아니면 장사수완이 확실한 자본가에게 지분과 함께 운용권을 넘기는 것이겠지만 4년이 되도록 여전히 아마추어들이 숨쉬는 공간으로 남아 있기를 원했기 때문에 지금까지 헐떡거리며 생존하고 있다. 다행인 것은 카페바인의 그러한 노력에 공감하는 분들이 상당히 늘었다는 점이다. 그분들이 참여할 수 있는 공간을 마련하고 함께 재미있고 의미있는 시도를 계속하면서도 십시일반으로 그에 따르는 비용을 나누는 방편이 협동조합이었다. 카페바인으로서는 최후의, 그러나 가장 강력한 카드인 셈이다. 그런 고민의 결을 따라 협동조합 설립이 추진되었다.

사실 조합원을 본격적으로 모으기 시작한 것은 얼마 되지 않았다. 기존 사업장이 조합으로 전환하기 위해 거쳐야 할 행정적 절차가 생각보다 복잡했다. 또한 생활인들이 경영하기 때문에 휴가를 내거나 생활 현장에서 시간을 확보해가며 일을 추진하기가 쉽지 않았다. 조합이 되기 위한 의사결정은 그다지 어렵지 않았지만 법적 절차를 밟아나가는 과정에서 많은 시간이 소요되었다. 협동조합으로 전환하기로 결정한 시기부터 거의 1년의 시간이 지나서야 본격적으로 조합원을 모으기 시작했다. 조합원을 모으는 것이 결코 녹록지 않다. 좋은 의도를 가지고 있으면 많은 분들이 호응할 것 같지만 실상은 신뢰를 얻는 과정과 시간이 필요하다. 의도가 좋으면 손님이 찾아올 것이라고 착각했던 카페바인의 초기 실수를 반복하지 않으려고 노력하고 있다. 현재 대략 50명의 조합원이 함께하고 있는데 목표는 연말까지 500명 이상의 조합원을 모집하는 것이다. 그래야 십시일반의 원리가 제대로 작동하게 된다. 목표를 달성하기 위해서 구체적인 목표치와 실행 전략을 세워나가는 중이다. 가장 중요한 것은 조합원들에게 최상의 서비스를 제공하는 것이다. '조합원의 효용을 극대화' 하는 조합의 원래 존재 목적에 충실한 경영을 해야만 지속 가능한 모델을 만들 수 있다. 우리의 최대 고객은 조합원이다. 조합원이 단순히 후원금을 내는 것 같은 존재가 되어서는 절대로 지속 가능하지 않다. 조합원은 소비자이자 동시에 공동의 생산자가 되어야 한다. 그리고 이 모든 여정의 주체가 경영진보다는 카페에 상주하고 있는 스텝들이 되어야 한다. 아직도 고민해야 할 것들이 많고 이제 시작단계라 공부해야 할 것이 많다. 여전히 미래는 불안정하고 실패로 끝날 가능성 또한 농후하다. 협동조합은 실패의 리스크를 함께 지는 것이다. 이러한 시도들이 어렵기는 하지만 재미있는 것도 사실이다. 삶의 성공과 실패를 금전적으로 판단하는 것보다 더 어리석은 일은 없을 것이다. 마지막 순간에 후회없는 시도 그리고 의미있는 삶을 함께 걸어온 동지들이야말로 삶의 성공 여부를 판단할 가장 확실한 근거가 될 것이다. 마지막으로 조합원을 모으기 위해 페이스북에 올렸던 글을 독자들과 나누고자 한다. 카페바인이 앞으로 나아가고자 하는 길을 써보았다. 혹 마음이 동하신다면 이 길을 함께 걸어주시기를 부탁드린다.

함께라면 지금보다 더 나아갈 수 있습니다

협동조합 '카페바인'으로 초대하며

현대 사회를 살아가는 나는 누구인가? 아니, 누구로 기억되고 싶은 걸까? 나의 하루를 잘 살펴보면 원하든 원치 아니하든 거의 절반은 소비자로 기억된다. 참 기억되고 싶지 않은 이름이다. 소.비.자.

내가 생산한 것을 내가 쓸 때 우리는 소비라고 하지 않는다. 뭔가를 소비한다는 것은 누군가는 생산했다는 뜻이다. 먼 옛날에는 생산자와 소비자가 완전히 나뉘어 있었다. 부모 잘 만난 사람은 소비하고 나머지는 생산했다. 요즘은 대부분 생산도 하고 소비도 한다. 소비만 하는 사람은 손가락질 받는다. 뭐 가끔 부러워할지언정…. 가끔 소비만 하는 세상을 천국으로 착각하는 사람도 있는데 생각만 해도 끔찍하다.

사실 나는 생산자의 자아를 가지고 가장 많은 시간을 보낸다. 시간을 많이 보낼 뿐 아니라 정성도 가장 많이 들인다. 무엇을 생산했느냐는 곧 '무엇을 했느냐'이니까. 생산이야말로 세상에 나를 남기는 발자취다. 그런데도 세상은 자꾸 '무엇을 소비했느냐'고 묻는다. 소비가 곧 계급이고 권력이다.

그런 세상은 행복하지 않다. 자신의 자아를 소비자로 취하는 순간 세상은 만족이라는 개념을 우주 저편으로 빨아들이는 블랙홀이 된다. 아무리 소비해봐야 더 좋은, 더 나은 소비가 줄줄이 기다린다. 소비할 수 없다면 불행하다. 소비자에게 '상품' (특히 신상)은 거의 신의 위치에 있다.

협동조합원이 된다는 것은 나를 소비자로서 평가하려는 세상에게 '꺼져' 라고 말하는 것이다. 소비는 생활의 필요일 뿐 '나' 는 아니다. 조합을 통해 생산과 소비를 동시에 누림으로써 자본주의적 자아를 벗어나 협동의 자아를 얻는다. 자본주의 세상에서는 생산과 소비가 철저히 분리되어 있지만 협동조합의 경제에서는 둘의 경계가 모호하다. 어쩌면 현대 경제학이 협동조합으로 대표되는 사회적 경제를 이해할 수 없는 이유가 거기서 출발할지도 모른다. 신나지 않는가? 자본주의가 식별할 수 없는 유형의 인간이라는 것.

협동조합원은 소비자인 동시에 생산자이다. 카페바인의 조합원도 그렇다. 뭘 생산하는지 궁금하실 테다. 먼저는 개념을 생산한다. 카페바인 조합원은 Civic Consumer 줄여서 'Civic-sumer' 다. 아마도 누군가 이미 정의를 내린 개념일 것 같기도 하다. 어떤 상품들은 구매 자체가 정치적 행위가 되기도 한다. 가장 단적인 예가 애플과 삼성이다. 모든 소비자가 다 같은 것은 아니지만 상당부분 애플 유저와 삼성 유저들 사이에는 어떤 긴장감이 존재하고 그것은 정치적으로 해석되기도 한다. 소비를 약한 의미의 정치적 행위로 해석하는 사람들이 점점 늘어나고 있다. 카페바인의 조합원은 특정한 정치적 관점을 소유하는 사람들이다. 그것을 특정 정당이라고 해석하면 곤란하다. 우리가 말하는 정치는 사람들이 모여서 의견을 나누는 행위 그 자체다. 세실 앤드류스가 말하길 '대화야말로 가장 정치적인 행위'라 했다. 그런 의미에서 카페는 그 태생이 정치적이다. 유럽에서 카페가 처음 생겨난 이래 어떤 왕도 카페를 좋아하지 않았다. 카페에 모였다 하면 민주주의니, 주권이니, 인권이니 하는 말들이 오갔기 때문이다. 카페바인은 18세기 유럽의 카페가 그랬던 것처럼 담론의 유통 창고가 되고 싶다.

두번째 카페바인 조합원이 되면 B급 문화를 생산하게 된다. 자본주의 세상에 살면서 일류와 이류를 구분하는 잣대가 가장 마음에 들지 않는다. 자본주의가 정한 룰을 견딜 수 있는 연극, 노래, 책만이 살아남는 그 기준 말이다. 연극을 하고, 노래를 부르고, 글을 쓰는 일들은 인간을 인간되게 하는 가장 '인간다운' 행위다. 돈벌이가 아니란 말이다. 그런데 자본주의는 수익의 잣대를 들이대며 '돈 될 만한 콘텐츠'만 살아남는 구조를 만들었다. 그러나 우리는 '돈 되지 않아도 무대에 올라야 할 가치가 충분한' 연극, 노래, 책이 있다고 믿는다. 그것을 우리는 'B'라고 명명한다. 카페바인 조합은 'B급 무대'를 함께 만드는 작업이다. 동시에 조합원 스스로 B급 무대에 설 가능성을 열어놓는 것이다. 조합원이 된다는 것은 동시에 우리 모두 배우, 가수, 저자가 된다는 뜻이다.

세번째 카페바인 조합원이 생산하는 것은 공정한 경제체제다. 너무 거창해서 뭔 소린가 하실 테지만 커피라는 게 그렇다. 세계에서 석유 다음으로 많이 거래되는 무역 품목이다. 다시 말해서 자본이 엄청나게 돈을 털어가는 창구다. 그 거래 형태는 세상이 얼마나 불공평했는지를 가장 잘 보여주는 사례다. 유럽의 카페가 민주주의로 통하는 문이었다지만 동시에 제국 열강이 식민지를 착취하는 가장 효율적인 수단이기도 했다. 이 아이러니를 어떻게 이해할 수 있을까? 동전의 한면에는 민주주의를, 다른 한면에서는 착취를 새겨놨으니 말이다. 아직도 커피는 잘 못사는 나라에서 잘사는 나라로 흘러 들어간다. 카페바인 조합원이 된다는 것은 이러한 역사의 아이러니를 되돌려보려는 시도에 참여하는 것이다. 지금은 공정무역 기업들과 거래하는 수준이지만 우리가 함께 꿀 꿈은 거대하다. 조합원들과 함께할 수 있는 것들이 너무나도 많다. 공정무역을 '소비' 하는 차원을 넘어 '생산' 하는 공동체로 나아가고자 한다.

영화 '변호인' 의 송변이 그랬다. "세상은 말랑말랑한 게 아니야." 맞다. 겨우 협동조합 만들어서 세상을 바꾸겠다고? 어림없다. 그러나 우리가 제안하는 것은 세상을 바꾸자는 것이 아니다. '나', 더 행복해질 수 있는 '나' 를 바꾸자고 제안드린다. 그것은 자본주의의 분열적 소비자에서 협동의 생산자로 나아감으로써 가능하다. 협동의 세상으로 나아가는 길에 벗들을 초대한다.